Elke Gulden & Bettina Scheer

Tierische
KliKlaKlanggeschichten

Für Kinder von 2 bis 6 Jahren

Gerne nehmen wir Ihre Anregungen, Wünsche, Kritik oder Fragen entgegen:
Don Bosco Medien GmbH, Sieboldstraße 11, 81669 München
anregungen@donbosco-medien.de
Servicetelefon: (0 89) 4 80 08-341

Bibliografische Information der Deutschen Nationalbibliothek

Die Deutsche Nationalbibliothek verzeichnet diese Publikation
in der Deutschen Nationalbibliografie; detaillierte bibliografische
Daten sind im Internet über http://dnb.d-nb.de abrufbar.

3. Auflage 2015 / ISBN 978-3-7698-1793-5
© 2010 Don Bosco Medien GmbH, München
www.donbosco-medien.de
Umschlag, Instrumente, Illustrationen S. 24 u. 31: ReclameBüro, München
Illustrationen: Antje Bohnstedt
Notensatz: Nikolaus Veeser, Schallstadt
Satz: Don Bosco Druck & Design, Ensdorf
Druck: BoD – Book on Demand, Norderstedt

Gedruckt auf umweltfreundlichem Papier

Inhalt

Vorwort

Tiere üben auf Kinder eine ganz besondere Anziehungs-
kraft aus. Alle Themen rund um Tiere faszinieren und in-
teressieren sie. Aus diesem Grund haben wir eine Samm-
lung von Klanggeschichten rund um die Tierwelt erstellt.
Dabei haben sowohl die bei uns lebenden Haustiere als
auch recht exotische Tierarten, die die Kinder aus dem
Zoo oder den Medien kennen, ihren Platz gefunden.
Selbstverständlich haben wir auch Kinderwünsche be-
rücksichtigt und selbst außergewöhnliche Ideen erfüllt,
wie bspw. die des 5-jährigen Jean-Luc, der unbedingt
eine Geschichte über ein Wallaby, eine besondere Art der
Kängurus, hören wollte. Auf diese Weise konnten auch
wir noch so einiges Neues über die Tierwelt erfahren.
Auch der Bitte der 4-jährigen Pauline, die die Pfingstfe-
rien auf dem Bauernhof verbracht hatte und von da an
ganz vernarrt in den Hofhahn war, sind wir nachgekom-
men und haben eine Hahngeschichte geschrieben.
Natürlich haben wir auch in diesem Buch wieder die
beliebten Liedbegleitungen mit aufgenommen und einige traditionelle Tierlieder herausgesucht. Alle Begleit-
möglichkeiten lassen sich wie immer wieder leicht mit
den Kindern umsetzen.

Wir wünschen Ihnen viele fröhliche musikalische Tier-
stunden und grüßen Sie herzlich

Ihre *Elke Gulden & Bettina Scheer*

Instrumentenliste

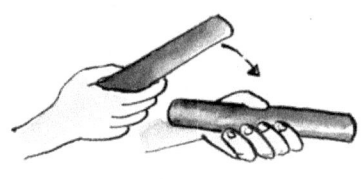

Klanghölzer

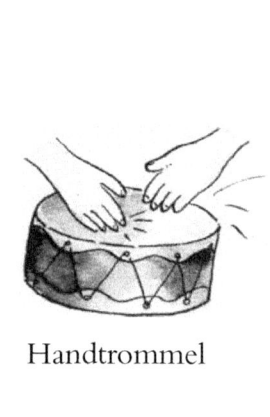

Handtrommel

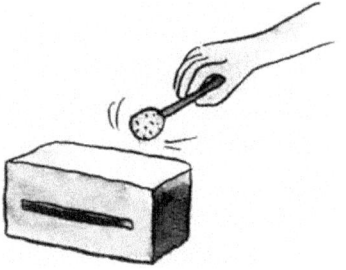

Holzblocktrommel

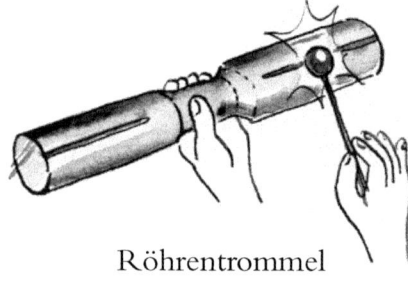

Röhrentrommel

Rührtrommel

Schlitztrommel

Stielkastagnette

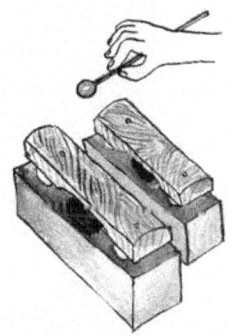

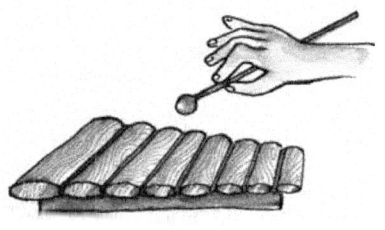

Xylophon

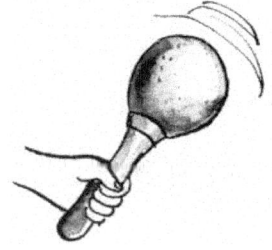

Xylophonklangstäbe

Rassel

Schellentambourin

Rainmaker

Schellenkranz

Cabasa

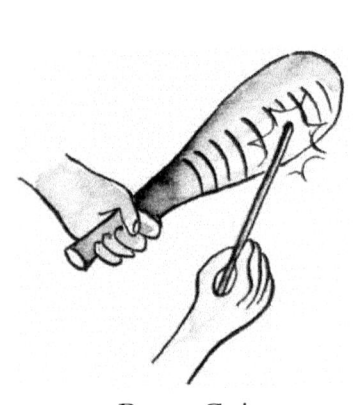

Reco-Guiro

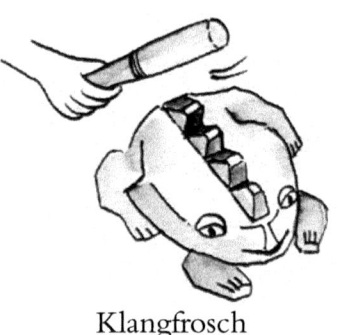

Klangfrosch

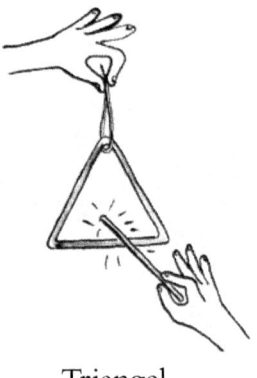

Triangel

Becken

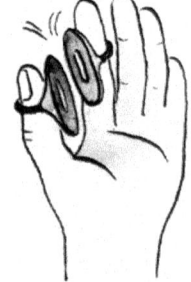

Fingercymbeln

Glöckchen

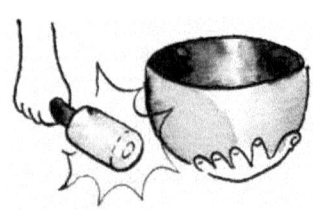

Klangschale

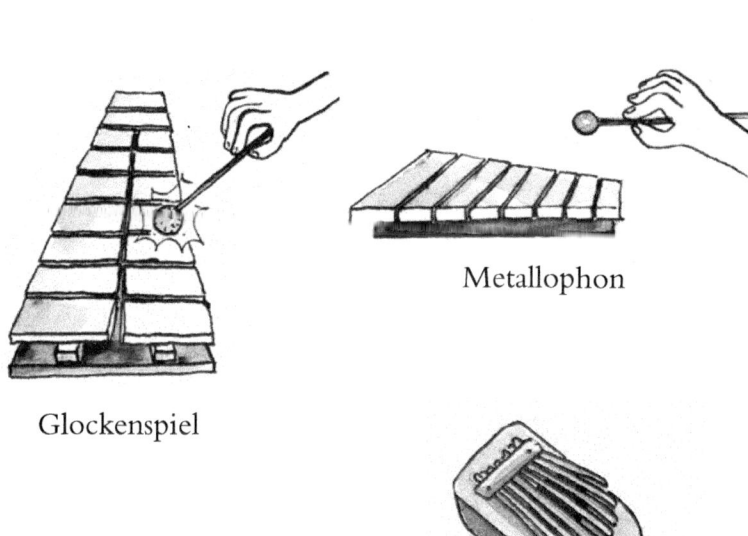

Metallophon

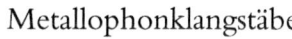

Glockenspiel

Metallophonklangstäbe

Kalimba

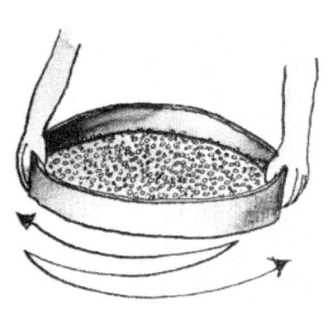

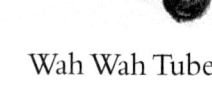

Oceandrum

Wah Wah Tube

Kuhglocke

Klanggeschichten für 1 Instrument

Im Affentrommelwald

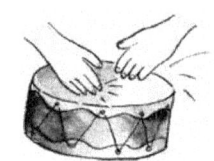

Handtrommel

Handtrommel | „Bumm, bumm", hört, wie's hallt
aus dem Affentrommelwald.

„*Lisa*, hör dem Rhythmus zu,
denn ich weiß, das kannst auch du."

Auf der Handtrommel spielt die Erzieherin verschiedene Rhythmen, die von den Kindern nachgespielt werden.

Flamingos

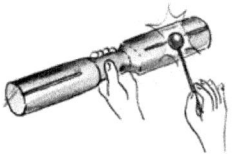

Röhrentrommel

Flamingos sind Vögel mit schönem Gefieder,
doch ihre Beinchen haben nur nackte Glieder.

So stehn sie ganz häufig auf einem Bein   Röhrentrommel, links
und stecken das andre in ihr Gefieder rein.

Ist dieses aufgewärmt, kommt flugs das andre dran.   Röhrentrommel, rechts
Super praktisch, dass jeder Flamingo das kann.

Tipp:
*Zur Weiterführung kann der „Standbeinwechsel" auch mit ei-
nem anderen Instrument angezeigt werden, bspw. mit einem
Klangstab oder einer Handtrommel.*
*In einem nächsten Schritt kann dies auch nur mit einem opti-
schen Zeichen, bspw. einer Handdrehung erfolgen. Hierzu kann
auch nur ein Kind die Röhrentrommel spielen, während die
anderen Kinder die Flamingos darstellen.*

Der tollpatschige Sandfloh

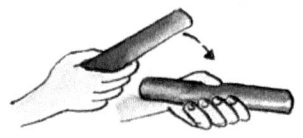

Klanghölzer, 1 Klangholz pro Kind

das Klangholz auf den Boden tippen

Im Sand am Strand, da hüpft ein Floh.

das Klangholz fallen lassen und mit der flachen Hand am Boden festhalten

Da rutscht er aus, fällt auf den Po.

mit der flachen Hand das Klangholz über den Boden rollen und wieder aufheben

Er kugelt sich vor Lachen, juchzt: „Das will ich nochmal machen."

Weiterführung:
Jedes Kind erhält ein Klangholzpaar. Beide Klanghölzer werden nun gleichzeitig parallel auf den Boden getippt und dann fallen gelassen wie oben beschrieben. Jetzt werden die Klanghölzer direkt wieder in die Hände genommen und zur dritten Zeile in der Luft umeinander gerollt. Dann beginnt der Vers von vorne. Mit jeder Wiederholung sollte die Geschwindigkeit gesteigert werden.

Die neugierige Biene

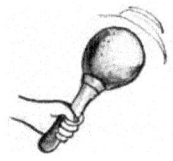

Rasseln

Die Biene ist voll Tatendrang,	laut
so fliegt sie aus auf Nektarfang.	
Sie steuert eine Blüte an	Rassel auf die freie Hand-fläche legen, Stille
und schleckt sie aus, so schnell sie kann.	leise
Die nächste ist schon im Visier,	laut
sie ist ein wirklich fleiß'ges Tier.	leise
So sammelt sie tagein, tagaus	laut
und ruht sich niemals richtig aus.	leise
Der Imker muss vor Freude lachen,	
denn er kann draus Honig machen.	

Tipp:
Das Sitzen der Biene auf einer Blüte muss nicht immer dadurch angedeutet werden, dass die Rassel auf die freie Handinnen-fläche gelegt wird. Vielmehr kann die Biene auch einmal auf dem großen Zeh, dem Knie oder einer Schulter landen.

Die Ratte aus der Unterwelt

Metallophon

Klangstäbe einzeln in beliebiger Reihenfolge anschlagen

Eine Ratte aus der Unterwelt
flitzt kreuz und quer, wie's ihr gefällt.

gleitend von oben nach unten
spielen, tiefsten Ton 1×
anschlagen

Rennt vorwärts, rückwärts, immer weiter,
doch plötzlich steht sie vor 'ner Leiter.

Klangstäbe einzeln nach-
einander anschlagen

Ganz langsam steigt sie nun bergauf,
die Leiter hört wohl niemals auf?

dabei immer langsamer
werden

Doch außer Atem und benommen,
ist sie oben angekommen.

Stille

Ihre Äuglein sind ganz müd und klein,
so schläft die Ratte erstmal ein.

Klangstäbe einzeln in beliebiger Reihenfolge anschlagen

Doch schon nach ziemlich kurzer Zeit,
erwacht sie voller Fröhlichkeit.

Sie erkundet ihre neue Welt,
flitzt kreuz und quer, wie's ihr gefällt.

Das Nilkrokodil

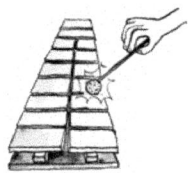

Glockenspiel

· Das Krokodil schwimmt durch den Nil,
was hat's dabei? Ein Glockenspiel.

glissando, über die
Klangplatten gleiten

Es spielt so schön, so wunderbar,
das Krokodil, ein Megastar.

Klangplatten einzeln
anschlagen

Die kleinen frechen Flöhe

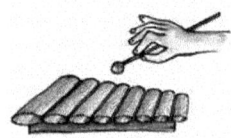

Xylophone oder andere Stabspiele

alle, leise	Hört ihr auch das Xylophon? Die kleinen Flöhe spielen schon.
Stille	Doch die tiefen Töne bleiben stumm, denn dort springt grade niemand rum.
hohe Töne	Nur auf den hohen Tönen wird gesprungen, und die Stille damit hell durchdrungen.
Stille	Jetzt sind mal die hohen Töne stumm, auch dort springt grade niemand rum.
tiefe Töne	Nur auf den tiefen Tönen wird gesprungen, und die Stille wird dunkel durchdrungen.

An einem Instrument sitzen immer zwei Kinder mit jeweils einem Schlägel in der Hand. Ein Kind spielt die hohen Töne, die tiefen Töne werden von dem zweiten Kind gespielt.

Die Kellerassel

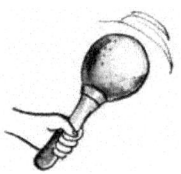

Rasseln

Heute spielt die Kellerassel
ihre Lieder mit der Rassel.

Laut und kräftig kann das sein,
manchmal klingt es zart und fein.

Rasseln

Rasseln, laut
Rasseln, leise

Das Schweinchen

Wah Wah Tube

Wah Wah Tube   Das Schweinchen spielt die Wah Wah Tube
mit 'nem Schlägel, voller Schub.

Alle hör'n bewundernd zu,
plötzlich fragt 'ne braune Kuh:

Instrument weitergeben   „Lass mich auch einmal probier'n
und ein Lied improvisier'n."

Das Glühwürmchentreffen

Glöckchen

Ein Glühwürmchen schwirrt ganz wild umher,   ein Kind spielt
im Dunkeln mag es das gar sehr.

Zwei Glühwürmchen schwirr'n ganz wild umher,   zwei Kinder spielen
im Dunkeln mögen sie das sehr.

Drei Glühwürmchen schwirr'n ganz wild umher,   drei Kinder spielen
im Dunkeln mögen sie das sehr.

Vier Glühwürmchen …   vier Kinder spielen

Nun sind die Glühwürmchen komplett,   alle
und jedes schwirrt jetzt in sein Bett.   Stille

Vorbereitung:
Jedes Kind bekommt ein Glöckchen. Die Spielreihenfolge wird vorab festgelegt.

Der musikalische Affe

Reco-Guiro

Reco-Guiro Das Guiro ist aus feinstem Holz.
Ein Affe findet's und lässt stolz
über all die vielen Ritzen
den langen Stab darüber flitzen.

Der unermüdliche Hamster

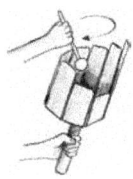

Rührtrommel

Der Hamster rennt die meiste Zeit in seinem Rad mit Schnelligkeit.	Rührtrommel
Nur zum Schlafen steigt er raus, ruht seine müden Beine aus.	Stille
Macht er die Augen wieder auf, geht es weiter mit dem Lauf.	Rührtrommel

Tipp:
Das Augenöffnen des Hamsters kann schön mit Fingercymbeln verklanglicht werden.

Der talentierte Elefant

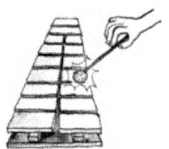

Glockenspiel, pentatonisch

Es war einmal ein Elefant,
der war im ganzen Land bekannt.

Glockenspiel Er spielte auf dem Glockenspiel,
was allen wirklich gut gefiel.

Mit dem Rüssel spielte er die Töne,
das war nicht das übliche Gedröhne.

Er wurde dafür sehr bewundert,
was natürlich niemanden verwundert.

Tipp:
*Für das pentatonische Glockenspiel einfach die
Klangplatten „h" und „f" (Halbtöne) herausnehmen.*

Die flinke Schnecke

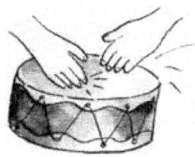

Handtrommel

Hokuspokus Hafergrütze,
schaut, die kleine Schneck' mit Mütze.

Sie nimmt die Fühler, spielt das Fell,   Handtrommel, reiben
hört, sie trommelt ganz schön schnell.   Handtrommel, schnell spielen

Sie spielt die Trommel wunderbar,   Handtrommel, schnell spielen
das kannst du auch, das ist doch klar.   Handtrommel, weitergeben

Der Papagei

2 Stielkastagnetten

Stielkastagnette	Der Papagei, ein kluges Tier, kann Wörter sprechen, so wie wir.
Stielkastagnette	Er holt tief Luft und plappert laut: „Wer hat das Instrument geklaut? Hat *Anna* sich das denn getraut?"
	„Nein, nein. Ich hab's dir nicht geklaut."
	„Hat *Felix* sich das denn getraut?"
Stielkastagnette	„Ja, du hast das Spiel durchschaut."

Ein Kind spielt den Papagei und sitzt mit einer Stielkastagnette in der Hand in der Kreismitte. Die zweite Stielkastagnette liegt vor dem Kind auf dem Boden. Der Papagei schließt die Augen und ein Kind entwendet das auf dem Boden liegende Instrument und versteckt es. Der Papagei versucht nun zu erraten, wer der Dieb war.

Die Tierparade

Handtrommel

Wir sitzen heut im Kreise,
die Trommel macht 'ne Reise.
Bei *Katja* wird die Trommel ruh'n,
und ein Tier wird etwas tun.

Handtrommel im Kreis
herumgeben
die Trommel bleibt stehen

Die **Spinne** fängt zu krabbeln an,
weil sie das am besten kann.

mit den Fingerkuppen über
die Trommel streichen

Wir sitzen …

Der **Hase** fängt zu hoppeln an,
weil er das am besten kann.

mit den Zeigefingern über die
Trommel hüpfen

Wir sitzen …

Die **Henne** fängt zu picken an,
weil sie das am besten kann.

mit den Fingernägeln auf die
Trommel tippen

Wir sitzen …

mit der flachen Hand die Trommel schlagen	Der **Braunbär** fängt zu stampfen an, weil er das am besten kann.
	Wir sitzen …
mit den Fingernägeln über die Trommel streichen	Die **Katze** fängt zu kratzen an, weil sie das am besten kann.
	Wir sitzen …
im Laufrhythmus spielen (kurz – lang)	Das **Zebra** fängt zu traben an, weil es das am besten kann.
	Wir sitzen …
mit der flachen Hand über die Trommel streichen	Der **Adler** fängt zu fliegen an, weil er das am besten kann.
	Wir sitzen …
mit zwei Fingern in Schlangenlinien über die Trommel gleiten	Die **Schlange** fängt zu kriechen an, weil sie das am besten kann.
	Wir sitzen …
mit den Fingerkuppen die Handtrommel schlagen	Der **Affe** fängt zu hüpfen an, weil er das am besten kann.
	Wir sitzen …

Der **Biber** fängt zu nagen an,
weil er das am besten kann.

mit zwei Fingernägeln
schnelle und kurze Streich-
bewegungen ausführen

Doch plötzlich kommt ein großer Regen,
die Tiere haben was dagegen.

mit allen Fingerkuppen
nacheinander über die Handtrommel trommeln

Sie huschen schnell in ihr Versteck,
schwups!, sind alle Tiere weg.

*Die Handtrommel wird im Kreis immer nur einen Platz wei-
tergegeben. Der Name des Kindes, das jetzt an der Reihe ist,
wird eingesetzt. Die jeweiligen Tiere werden mit den Fingern
imitiert.*

Klanggeschichten
für mehrere Instrumente

Der fleißige Maulwurf

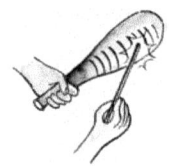 

Reco-Guiro, Handtrommel

Reco-Guiro	Der Maulwurf gräbt sich durch den Acker, er macht das toll, er schlägt sich wacker.
Handtrommel, laut	Er schiebt die Hügel an zuhauf, den Bauern regt das ziemlich auf.

Der Bär und der Honigtopf

Rührtrommel, Triangel, Handtrommel

Der Bär läuft um den Honigtopf,   Rührtrommel
er kommt nicht rein mit seinem Kopf.

Doch der Bär ist gar nicht dumm.   Triangel
Er wirft den Topf ganz einfach um.

Jetzt kann er den Honig schmecken   Handtrommel, mit den
und ihn leicht von seiner Tatze lecken.   Fingerspitzen streichen

Der kleine Panther

 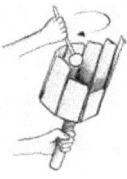 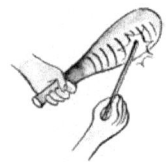

Handtrommel, Rührtrommel, Reco-Guiro

Handtrommel, leise   Wer kommt daher auf leisen Pfoten,
Rührtrommel, leise   dreht seinen Schwanz fast zu 'nem Knoten?

Handtrommel, ganz leise   Der kleine Panther tänzelt sacht,
damit er keinen Krach hier macht.

Reco-Guiro, leise   Denn, wenn er keinen Ast zerbricht,
Stille   stört er seine Eltern nicht.

Marienkäfer

Glöckchen, Glockenspiele mit 6 Klangplatten*, Glockenspiel mit 5 Klangplatten

Marienkäfer zählen mit Entzücken Punkte auf den roten Rücken.	Glöckchen
„1-2-3-4-5 und 6", ruft der Erste. Er ist auch gleich der Allerschwerste.	Glockenspiel, die 6 Klangplat- ten nacheinander anschlagen
„1-2-3-4-5 und 6", ruft der Zweite, „1-2-3-4-5 und 6", tönt es von der andern Seite.	6 Klangplatten nacheinander anschlagen, 2×
„1-2-3-4-5 und ?", – ja, dann ist es still. Jeder wartet, dass er „6" noch sagen will.	5 Klangplatten nacheinander anschlagen
Alle blicken diesen Käfer an und er fängt noch mal zu zählen an.	Stille
„1-2-3-4-5 –", dann wird er wieder stumm. Alle stehen um den Käfer rum.	5 Klangplatten nacheinander anschlagen

Glöckchen	„Wie kann das sein?", will einer wissen, „wie kannst du einen Punkt vermissen?"
Glöckchen	Der Käfer blickt die andern an, zuckt die Schultern und sagt: „Mannomann!
	Ich war mir dessen nicht bewusst und hab es einfach nicht gewusst."
5 Klangplatten nacheinander anschlagen, alle	Und dann ruft er noch frohgemut: „Was soll's, es geht mir auch mit fünfen gut."

★ *Die Klanggeschichte kann auch mit nur einem Glockenspiel, das reihum gegeben wird, umgesetzt werden.*

Kätzchen über Bord

  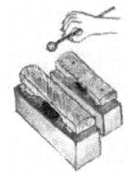

Oceandrum, Triangel, tiefer Klangstab

Der Dampfer schaukelt hin und her,
des Käpt'ns Kätzchen fällt ins Meer.

Sie schreit um Hilfe – doch, o weh!,
keiner hört sie in der rauen See.

Da kommt ein großer Wal vorbei
und hört das laute Hilfsgeschrei.

Er rettet sie zu ihrem Glück
und bringt sie auf ihr Schiff zurück.

Oceandrum

Triangel
Oceandrum

tiefer Klangstab
Triangel

tiefer Klangstab
Oceandrum, leise

Der Tausendfüßler

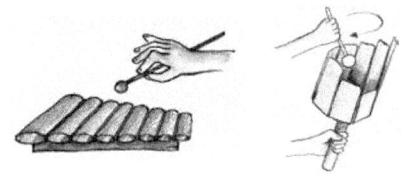

Xylophon, Rührtrommel

Xylophon, leise Stille	Der Tausendfüßler ist am Gehn, da bleibt er plötzlich ganz still stehn.
Xylophon, laut	Er schreit ganz laut, er hinkt und faucht: „Jetzt hab ich mir ein Bein verstaucht."
Rührtrommel, Klangplatten von innen einzeln anschlagen Rührtrommel, gerührt	Der Spinnendoktor kommt gerannt und spinnt ihm einen Stützverband.
Xylophon, leise eine einzelne Klangplatte mehrfach anschlagen	Nun läuft er wieder ohne Schmerzen, dankt der Spinne dann von Herzen.

Der Waschbär

 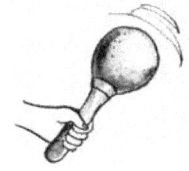  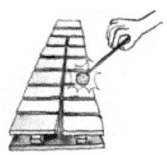

Handtrommel, Rassel, Oceandrum, Glockenspiel

Der Waschbär ist ganz aufgeregt,
denn gleich wird wieder Wald gefegt.   Handtrommel, gerieben

Er hat das ganze Laub geputzt
und dabei Politur benutzt.   Rassel

Die Äpfel hat er rein gewaschen,
sie stecken nun in seinen Taschen.   Oceandrum

Die Trauben im Weinberg daneben
hängen jetzt sauber an den Reben.   Glockenspiel

So bleibt für heut nur noch das Moos
und morgen geht's von vorne los.   Handtrommel, gerieben

Diebische Elstern

Glöckchen, Triangel

Glöckchen Die Spatzen pfeifen's von den Dächern:
Elstern gehör'n zu den Verbrechern,

Triangel denn so manches glänzende Besteck,
horten sie in ihrem Versteck.

Der Orang-Utan und die Mücke

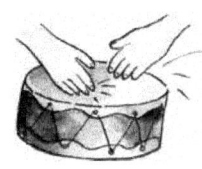  

Handtrommel, hoher Klangstab, Triangel

Der Orang-Utan ärgert sich,	Handtrommel, 1× laut
er hat schon wieder einen Stich.	hoher Klangstab
Der juckt und kratzt den ganzen Tag,	Handtrommel, mit den
kein Wunder, dass er das nicht mag.	Fingerspitzen kratzen
Doch die Mücke mag sein Blut,	Triangel, in der Spitze spielen
das schmeckt ihr wirklich richtig gut.	
Drum holt sie ihre Freunde her	
und sagt: „Bedient euch nur!" und „Bitte sehr!".	
Da wird's dem Affen echt zu viel.	Handtrommel, 1× laut
Er sagt: „Das ist doch wohl kein Spiel."	
Er hilft sich selber aus der Patsche	Handtrommel, leise patschen
und baut sich eine Fliegenklatsche.	

Der Adler und die Maus

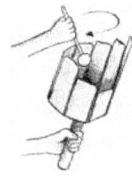  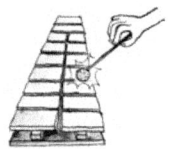

Rührtrommel, Glöckchen, Glockenspiel

Rührtrommel	Der Adler dreht am Himmel seine Runden, noch hat er nichts zu Fressen gefunden.
Glöckchen	Da sieht er auf dem Feld 'ne kleine Maus und denkt: „Die wird ein leck'rer Mittagsschmaus."
Glockenspiel, schnell von oben nach unten gleiten	Im Sturzflug saust er auf sie nieder, das Mäuslein denkt: „Nicht du schon wieder."
Glöckchen Stille	Zum Glück ist unser Mäuschen superschlau und versteckt sich schnell in seinem Bau.
Rührtrommel	So dreht der Adler weiter seine Runden, hat noch immer nichts zu Fressen gefunden.

Ein Affe

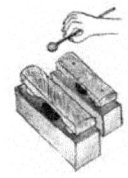 

2 hohe Klangstabe, bspw. a' und c'', tiefer Klangstab,
bspw. c', Glockenspiel

Ein Affe schwingt von Baum zu Baum,	2 hohe Klangstäbe im Wechsel
gelenkig fit, man glaubt es kaum.	
Er klettert mutig und munter,	schneller spielen
doch ganz plötzlich fällt er runter.	tiefer Klangstab
Zum Glück steht er gleich wieder auf	
und steigt den Baum erneut hinauf.	Glockenspiel

Milchkühe

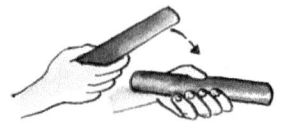 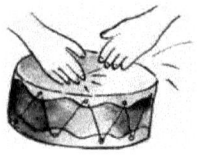   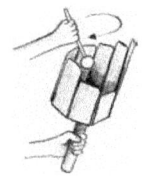

Klanghölzer, Handtrommel, Reco-Guiro, Rainmaker,
Rührtrommel

Klanghölzer Handtrommel	Morgens früh führt unser Bauer seine Kühe um die Mauer
	auf die Weide hinterm Haus,
Reco-Guiro	dort grasen sie tagein, tagaus.
Handtrommel	Am Abend geht's zurück zum Stall,
Rainmaker	dann wird gemolken – klarer Fall.
	Die Kühe geben ganz viel Milch,
	das weiß doch schließlich jeder Knilch.
Klanghölzer	Die wird zur Molkerei gebracht
Rührtrommel	und daraus wird dann *Quark* gemacht.

Zwei Hasen und ein Fuchs

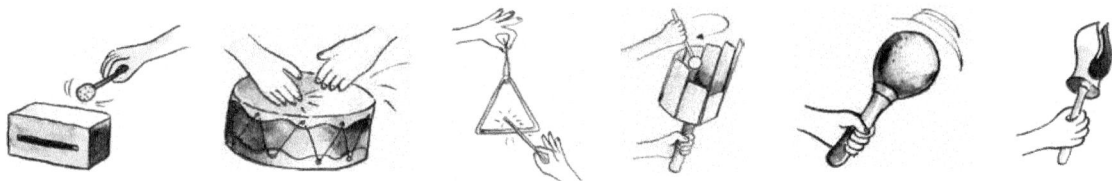

Holzblocktrommel, Handtrommel, Triangel, Rührtrommel, Rassel, Stielkastagnette

Zwei Hasen sitzen im grünen Gras, da kam ein Fuchs, der gerne Hasen fraß.	Holzblocktrommel Handtrommel, gerieben
Mutig sprach der eine Has' zum Fuchs im grünen Gras:	Holzblocktrommel
„Weißt du, dass am Sonntag Ostern ist? Und was passiert, wenn du uns heute frisst?"	Triangel
Der Fuchs verneint und meint, dies sei egal. Hasen sei'n nun mal sein Lieblingsmahl.	Handtrommel, gerieben
Der Hase sagt: „Das ist nicht richtig. An Ostern ist was and'res wichtig.	Triangel
Eier müssen wir bemalen, Kinder wollen bunte Schalen.	Rührtrommel

Rassel	Nester werd'n mit Moos bedeckt und die Eier drin versteckt.
Stielkastagnette	Wirst du uns heute fressen, fall'n für dich infolgedessen
	alle diese Sachen an.
Triangel	Glaubst du, dass ein Fuchs das kann?"
Stille	Der Fuchs denkt lang darüber nach und gesteht mit leichter Schmach:
Handtrommel, gerieben	„Nein, ich glaub, das kann ich nicht, erledigt ihr mal eure Pflicht.
	Ich komm dann wann anders wieder, such mir für heute ein Gefieder."

aus: Elke Gulden/Bettina Scheer, KliKlaKlanggeschichten im Frühling, Don Bosco Verlag, München 2009

Der stimmlose Hahn

Instrumente nach Wahl, Reco-Guiro, Glöckchen, hoher
Klangstab, Triangel

Mit einem lauten „Kikriki"	Stimme
weckt der Hahn Haus, Hof und Vieh.	alle
Doch an einem Montagmorgen	
hat der Hahn ganz große Sorgen.	Stille
Sein Hals tut ihm so schrecklich weh,	Reco-Guiro
ojemine, ojemine.	
Kein Ton kommt aus dem Mund heraus,	
mit „Kikriki" ist's erst mal aus.	Stimme
An diesem Tag schläft alles weiter,	Stille
nur die Elster ist schon heiter.	Glöckchen
Sie hat die rettende Idee	hoher Klangstab
und bringt sogleich Kamillentee.	
'nen Wecker holt sie auch herbei,	
der schrillt ganz laut, und zweifelsfrei	Triangel
stehn alle aus den Betten auf,	
so nimmt der Tag nun seinen Lauf.	alle

Der heisere Frosch

   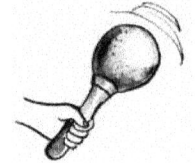

Klangfrösche, Reco-Guiro, Klanghölzer, Rassel

Klangfrösche, Reco-Guiro	Frösche quaken unten am Teich, dort leben sie in ihrem Reich.
	Alle sitzen beieinander, quaken hörbar durcheinander.
Reco-Guiro, leiser werden lassen, Stille	Doch das Quaken von Frosch Till wird leiser, wahrscheinlich ist die Stimme heiser.
Klanghölzer Klangfrosch	Freund Lenbert hüpft gleich auf ihn zu, ruft: „Quaken ist für dich tabu!"
Rassel Klanghölzer	Dann reicht er ihm noch einen Tee und springt wieder in den großen See.
Stille	Till schweigt und hält sich an den Rat, macht ganz genau, was Lenbert sagt.
erst 1 Klangfrosch, dann alle	Und schon nach ziemlich kurzer Zeit, ist er wieder zum Quaken bereit.

Das Wallaby und der Floh

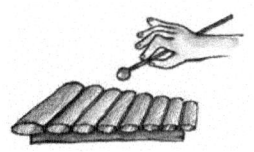  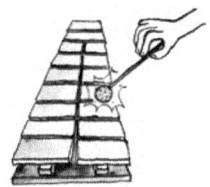 

Xylophon, Kalimba, Glockenspiel, Triangel

Ganz hurtig und voll Energie   Xylophon
hüpft durch den Zoo – ein Wallaby.
Die meisten Leute geben zu
zu glauben, 's wär ein Känguru.

Das Erdhörnchen ist sehr entsetzt,   Kalimba
weil sein Freund so rastlos hetzt,
und fragt das kleine Wallaby:
„Kann ich dir helfen, irgendwie?"

Das Wallaby ist ganz bedrückt   Xylophon
und ruft: „Ich werde noch verrückt.
Mich juckt ein kleiner wilder Floh   Glockenspiel
in meinem Beutel irgendwo."

Das Erdhörnchen denkt da nicht lang,   Kalimba
es ruft: „Davor ist mir nicht bang.
Ich kriech in deinen Beutel rein
und fang das kleine Störerlein."   Glockenspiel

Kalimba	Schaut auf des Freundes Hinterlauf –
	gesagt, getan – und hüpft schnell rauf.
	Es macht sich sofort ohne Frage
	auf die Suche nach der Plage.
Xylophon	Plötzlich kippt das Wallaby
	von rechts nach links und auf die Knie.
	Es fängt ganz laut zu lachen an,
	weil sich's nicht mehr halten kann.
	Denn es fühlt sich arg gekitzelt,
Kalimba	als sein Freund dem Floh nachspitzelt.
Glockenspiel	Der hat den Floh auch bald entdeckt
Triangel	und wirft ihn raus, dass der erschreckt.

Bär, Reh und Hase bilden einen Chor

 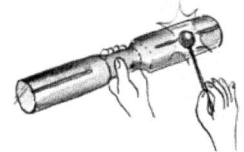 

Handtrommel, Röhrentrommel, Holzblocktrommel

Klein Braunbär sitzt auf einer Lichtung,	Handtrommel, 1× schlagen
da kommt ein Reh in seine Richtung.	Röhrentrommel
Der Bär fragt: „Hi, wer bist denn du?",	Handtrommel
und setzt ein Lächeln auf im Nu.	
Schnell sagt das Reh ihm, wer es ist	
und, dass er das auch nicht vergisst,	
stellt es ihm sein Liedchen vor	Röhrentrommel
und singt danach mit ihm im Chor:	
„Ich bin das Reh ‚Johannes Lupft'.	
Mein Fell ist braun und weiß getupft.	
Später krieg ich ein Geweih,	
Horn rechts, Horn links, im Ganzen zwei."	
Noch während sie zusammen singen,	Röhren- und Handtrommel
sehn sie 'nen Hasen rüberspringen.	Holzblocktrommel
Das Reh fragt: „Hi, wer bist denn du?"	Röhrentrommel
und setzt ein Lächeln auf im Nu.	

Holzblocktrommel	Der Has' stellt sich den beiden vor: „Ich will mit in euren wilden Chor. Ich wurde im August geboren und bin als ‚Sunny' auserkoren."
Holzblock-, Röhren- und Handtrommel Holzblocktrommel	Sie singen nun gemischt im Chor, doch plötzlich steigt der Has' empor. Er fragt: „Sag, Bär, wie heißt denn du?" und setzt ein Lächeln auf im Nu.
Handtrommel	Der Bär singt: „Ich bin Bären's Sohn. Sie nennen mich den ‚Kleinen John'. Ich hab ein Fell in tiefem Braun, ihr könnt mir alles anvertraun."
alle	So singen sie nun alle drei: „Dumdideldei, dumdideldei!"

Bei den Eisbären

Triangel, Metallophonklangstäbe, Rainmaker, Oceandrum

Es war einmal ein Land aus Schnee und Eis, dort war es immer kalt und niemals heiß.	Triangel
Da leben viele weiße Eisbären, die sich von Meeresfischen ernähren.	Metallophonklangstäbe Rainmaker
Die Bären lieben das Fischen und Schwimmen und auch die Eisfelsen emporzuklimmen.	Metallophonklangstäbe Metallophon aufwärts spielen
Und schwimmen sie nicht in der rauen See, dann toben sie an Land durch Pulverschnee.	Oceandrum Metallophonklangstäbe
Dann hört man sie laut lachen und grölen, doch am Abend kriechen sie in Höhlen.	Metallophon abwärts spielen
Dort hören sie dem Meeresrauschen zu und schlafen sanft in nächtlicher Ruh.	Oceandrum, leise

Zwei Flusspferde

Handtrommel, Rainmaker

Handtrommel	Zwei Flusspferde laufen über eine Wiese. Sie sind so groß und schwer wie ein riesiger Riese.
Stille Rainmaker, leise	Doch auf einmal bleib'n sie plötzlich stehn und lauschen: Hören sie nicht irgendwo das Wasser rauschen?
Handtrommel und Rainmaker	Gemächlich trotten sie dem Wasser entgegen, denn eine Erfrischung kommt ihnen gelegen.
Handtrommel, gerieben, Rainmaker	Kaum haben sie das Ufer des Flusses erreicht, da gehn sie zum Schwimmen als wär'n sie federleicht.

Im Urwald

    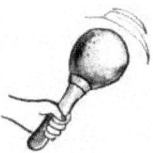 

Becken, Handtrommel, Glockenspiel, Glöckchen, Rassel,
Stielkastagnetten, tiefer Klangstab, Triangel

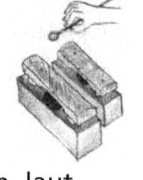 

Im Urwald brüllt ein wilder Tiger.
Sein Schrei hallt von den Bäumen wider.

Becken, laut

Der schwarze Panther spitzt die Ohren,
flitzt um 'nen Baum, gibt sich die Sporen.

Handtrommel, gerieben

Die Affen springen auf die Äste,
das halten sie wohl für das Beste.

Glockenspiel

Ein Vogelschwarm ist aufgeschreckt,
das Brüllen hat sie wohl geweckt.

Glöckchen

Die Schlange denkt, es wär ein Donnerwetter
und schlängelt sich gleich unter Blätter.

Rassel

Ein Papagei knackt sich 'ne Nuss
und stöhnt: „Dass der so brüllen muss."

Stielkastagnetten

tiefer Klangstab	Dem Faultier dröhnt das Trommelfell, doch Klettern kann es gar nicht schnell.
alle, leise	Ein jeder schaut jetzt ziemlich keck aus seinem sicheren Versteck:
Becken, leise	Warum hat der Tiger so gebrüllt und jeden hier mit Angst erfüllt?
Triangel	Da sehn sie alle sein Problem: Er hat 'nen Dorn und kann nicht gehn.
alle	Jetzt eilen alle schnell zu ihm, um ihm den Dorn herauszuziehn.
Becken, leise und schnell	Der Tiger dankt und freut sich sehr, jetzt hat er keine Schmerzen mehr.
alle	Drum lädt er alle Tiere ein und schwingt beim Tanz gekonnt sein Bein.

Wer macht was?

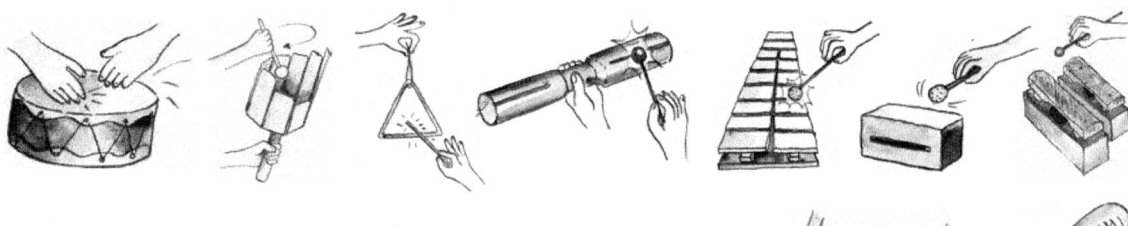

3 Handtrommeln, Rührtrommel, Triangel, Röhrentrommel, Glockenspiel, Holzblocktrommel, tiefer Klangstab, Oceandrum, Reco-Guiro

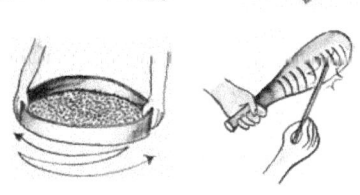

Mäuse tippeln,	Handtrommel mit einer Fingerspitze spielen
Fußballer dribbeln.	Handtrommel mit drei Fingerspitzen nacheinander spielen
Schlangen ringeln,	Rührtrommel
Klingeln klingeln.	Triangel
Frösche springen,	Röhrentrommel
Affen schwingen.	Glockenspiel, glissando
Pferde traben,	Holzblocktrommel
Maulwürfe graben.	tiefer Klangstab
Fische tauchen,	Oceandrum
Katzen fauchen.	Reco-Guiro, schnell
Bären trampeln,	Handtrommel
Babys strampeln.	Stille

Wer ist das?

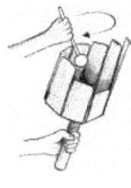  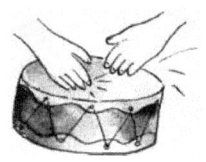

Rührtrommel, Triangel, Handtrommel

Rührtrommel | Wen trefft ihr am Teich auf alle Fälle?
Die dünne und schillernde, schnelle Libelle.

Triangel | Wer hat am Meer die Scheren parat?
Der Hummer mit dem Schneidapparat.

Handtrommel, mit den Fingerspitzen streichen | Wer läuft durch den Wald und schlägt keine Schneisen?
Ein riesiger Zug von kleinen Waldameisen.

Stille | Wer hängt denn da so faul im Baum?
Das Faultier ist's – es bewegt sich kaum.

Der aufgeregte Regenwurm

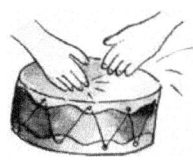   

Handtrommel, Triangel, Glockenspiel, Klangschale

Der Regenwurm hört Regentropfen leise auf die Erde klopfen.	Handtrommeln mit den Fingerkuppen spielen
Der Klang dringt in sein kleines Ohr, er streckt die Nase hoch empor.	Triangel
Er spielt vergnügt und freut sich sehr, endlich keine Sonne mehr.	Glockenspiel
Doch kaum trifft ihn der erste Strahl, da bleibt dem Wurm gar keine Wahl.	Klangschale
Er schlüpft ganz schnell ins Loch hinein, denn er hat Angst vorm Sonnenschein.	Glockenspiel Klangschale

Tipp:
Die Handtrommeln können auch durch einen Rainmaker ersetzt werden.

Die gemeine Feuerqualle

 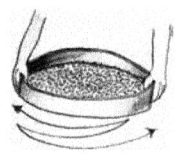 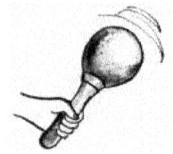

Fingercymbeln, Oceandrum, Rasseln

Fingercymbeln, Oceandrum | Die Feuerqualle schwimmt im Meer
und freut sich heute wirklich sehr.

Fingercymbeln | Sie lässt sich jetzt ans Ufer schwemmen,
um Schwimmern die Füße zu verbrennen.

Rasseln | Das juckt und brennt ganz fürchterlich,
so gib gut Acht, sonst trifft's auch dich.

Der arme Esel

 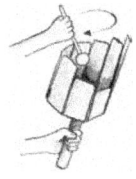   

Holzblocktrommel, Rührtrommel, Klangschale, Reco
Guiro, Triangel, Instrumente nach Wahl

Der Esel trottet vor sich her,	Holzblocktrommel
das Korn zu mahlen fällt ihm schwer.	Rührtrommel
Die Sonne scheint, ihm ist so heiß,	Klangschale
doch weiter geht sein Weg im Kreis.	Holzblocktrommel und Rühr-trommel, langsam spielen
	noch langsamer spielen
Nur mühsam dreht er seine Runden,	Reco-Guiro
an den Hufen finden sich schon Schrunden.	
Doch der Bäcker wartet auf das Mehl	Triangel, schnell in der Spitze
und daraus macht er keinen Hehl.	spielen
Denn zum Backen braucht er's unbedingt,	
und auf die Brezeln wartet jedes Kind.	Instrumente nach Wahl

Ein Pinguin als Dirigent

Becken, Schlägel, Instrumente nach Wahl

Becken	Der Pinguin in seinem Frack kam letztens erst auf den Geschmack,
	wie schön es ist zu dirigier'n und stundenlang zu musizier'n.
Schlägel schwingen alle Instrumente	Schwingt er den Stab so hin und her, spielen alle kreuz und quer.
Stille	Schwingt er den Stab nun nicht mehr rum, sind alle Instrumente stumm.
Schlägel schwingen jeweiliges Instrument wird gespielt	Schwingt er den Stab zu einem Kind, spielt dieses dann *allein* geschwind.
Schlägel schwingen alle Instrumente	Schwingt er den Stab so hin und her, spielen alle kreuz und quer.
Stille	Schwingt er den Stab nun nicht mehr rum, sind alle Instrumente stumm.

Vorbereitung:

Ein Kind erhält einen Schlägel (z.B. Xylophonschlägel) als Dirigierstab. Dabei hält es den Schlägelkopf in der Hand.

Tipp:

Das Wort „allein" in der fünften Strophe, zweite Zeile kann durch musikalische Parameter, wie bspw. „ganz schnell", „ganz laut", „ganz wild" etc. ausgetauscht werden.

Die unglaubliche Schildkröte

Reco-Guiro, Handtrommel, Becken, Oceandrum

Reco-Guiro Handtrommel, mit allen Fingern langsam tippeln	Ein Panzer schiebt sich übern Sand, die Schildkröte kriecht grad an Land.
Handtrommel, mit allen Fingern langsam tippeln Becken 1× anschlagen	Dort ist sie lahm, kommt kaum voran, doch passt mal auf, was sie gleich kann.
Oceandrum Handtrommel, mit allen Fingern schnell tippeln	Denn kaum ist sie im Wasser drin, schon paddelt sie, ich glaub, ich spinn.
Oceandrum und Hand- trommel, mit allen Fingern noch schneller tippeln	Sie schwimmt so schnell, wie kann das gehn? Von Langsamkeit ist nichts zu sehn.

Die Ameisen auf dem Schneckenhaus

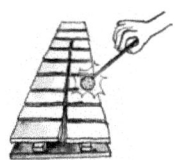 

Glockenspiel, Handtrommel

Zwei Ameisen sausen auf dem Haus von einer Schnecke von der einen in die andre Ecke.	Glockenspiel, aufsteigendes und absteigendes Glissando
Die Schnecke kriecht ganz langsam übers Gras, wundert sich über diesen Spaß.	Handtrommel reiben
„Geht das nicht schneller?", sind die Ameisen am Fragen.	Glockenspiel, unterschiedliche Töne spielen
„Nein, ich muss euch schließlich tragen." –	Handtrommel
„Hm, da sind wir schneller, wenn wir selber gehn.	Glockenspiel
Mach's gut, auf Wiedersehn!"	Stille

Das hungrige Küken

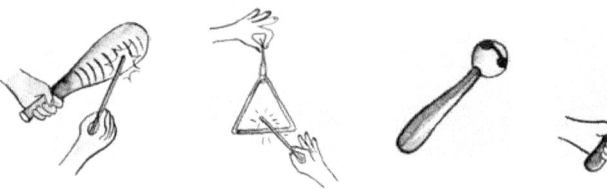

Reco-Guiro, Triangel, Glöckchen, Rassel

Reco-Guiro Triangel	Ein Küken pellt sich aus dem Ei, es piept und quiekt, ist endlich frei.
Triangel	Es reckt den Kopf und schreit nach Fressen, hat die Mama es vergessen?
Glöckchen alle	Doch da landet sie auch schon im Nest, hat Würmer, Maden, welch ein Fest!

Alle Vögel sind schon da

  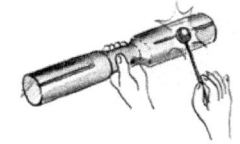 

Glöckchen, Schellenkranz, Röhrentrommel, Becken

Alle Vögel sind schon da,
sitzen auf dem Dromedar.

Glöckchen, Schellenkranz

Das Dromedar kann's gar nicht haben,
fängt draufhin gleich an zu traben.

Röhrentrommel

Die Vögel kriegen einen Schreck
und fliegen alle hurtig weg.

Becken
Glöckchen, Schellenkranz

Die Igelfamilie

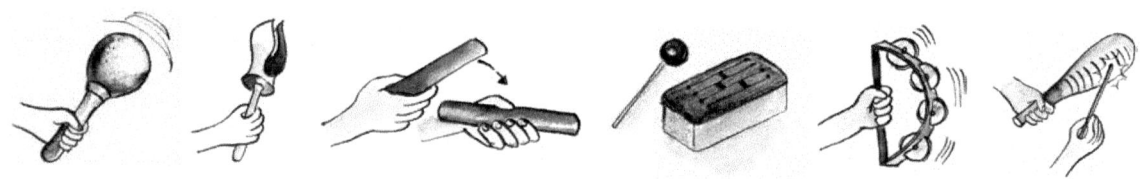

Rasseln, Stielkastagnette, Klanghölzer, Schlitztrommel, Schellenkranz, Reco-Guiro

alle Instrumente	Familie Igel ist adrett, sie geht heut aufs Tanzparkett.
Rasseln	Die Jüngste fängt zu tanzen an, weil sie nicht mehr still stehn kann.
Stielkastagnette	Der Mittlere, er dreht sich auch, er schwingt die Beine bis zum Bauch.
Klanghölzer	Die Älteste, sie tanzt den Twist, denn sie hat ihn so vermisst.
Schlitztrommel	Die Eltern tanzen Rock 'n' Roll, beide finden's supertoll.
Schellenkranz	Die Oma ist noch richtig fit, tanzt mit allen munter mit.

Der Opa kommt erst ganz zum Schluss,
denn er hat einen Hexenschuss.

Alle Igel sind komplett
und tanzen auf dem Tanzparkett.

Reco-Guiro

alle Instrumente

Erzählte Klanggeschichten

Das böse Stachelschwein

Wind	Xylophon, glissando
Blätter	Schellenkranz
Holzdielen, Holzbalken	Stielkastagnetten
Fledermäuse	Glockenspiel
Kater Hemingway	Handtrommel, gerieben
weiße Mäuse	Glöckchen
Glühwürmchen	Fingercymbeln
Meerschweinchen	Triangel
Stachelschwein	Handtrommel

Xylophon
Schellenkranz

Es war einmal ein altes zerfallenes Haus. Das stand einsam und abgelegen inmitten eines alten Gartens. Jede Nacht pfiff der **Wind** durch die starken Äste einer alten Eiche, deren **Blätter** sich im Wind hin- und her wiegten.

Xylophon
Stielkastagnetten
Stielkastagnetten

In dem alten Gemäuer gab es weder Fensterscheiben noch Türen, so dass der **Wind** auch jede Nacht durch die leeren Räume zog. Die alten **Holzdielen** knarrten unter ihm und die **Holzbalken** an den Decken knacksten. Es konnte einem schon ein bisschen unheimlich zumute sein …

Das Haus war jedoch nicht völlig verlassen. Es gab einige Tiere, die das Haus vor langer Zeit gefunden und bezogen hatten. Oben unter dem Dach lebte beispielsweise eine Großfamilie **Fledermäuse.** Tagsüber hingen sie schlafend kopfüber von den Deckenbalken,

doch nachts waren sie ganz aktiv. Die Eltern flogen durch den Garten und die Kinder sausten durch das Haus. Sie spielten Fangen und Verstecken und manchmal ärgerten sie auch den alten **Kater** Hemingway, der sich sein Lager auf einem vergessenen roten Plüschsofa eingerichtet hatte. Er war mürrisch und meistens schlecht gelaunt, weil ihm seine alten Knochen von dem kalten **Wind** weh taten.

Ganz unten wohnte eine kleine, noch junge weiße **Mäusefamilie.** Sie hatten sich vor einigen Jahren in der Küche einquartiert. Sicher fragt ihr euch jetzt, wie das Zusammenleben mit Hemingway, dem **Kater,** funktionieren kann. Und das ist eigentlich eine Geschichte für sich. Um es kurz zu machen: Die **Urururgroßmutter der Mausemutter** rettete einmal vor vielen Jahren das Leben der **Urururgroßmutter des Katers.** Sein Urururgroßvater hatte daraufhin geschworen, dass weder er noch irgendjemand seiner Familie diesen weißen Mäusen etwas anhaben durfte. Und dieser Schwur gilt auch heute noch, denn ein Versprechen halten ist auch für Katzen Ehrensache.

Im letzten Herbst gab es sogar noch einen weiteren Zuzug. An einem **windigen** Abend saßen gerade der **Kater,** die **Mäusefamilie** und die **Fledermäuse** im ehe-

Glockenspiel, leises Glissando von oben nach unten
lautes Glissando von unten nach oben

Handtrommel, gerieben

Xylophon

Glöckchen

Handtrommel, gerieben

Glöckchen

Handtrommel, gerieben

Xylophon, Handtrommel, Glöckchen, Glockenspiel

maligen Salon zusammen, um gemeinsam eine Runde Mensch-ärgere-dich-nicht zu spielen, als 3 **Glühwürmchen** durch das Fensterloch hereingeflogen kamen. Alle schauten auf. Das älteste **Glühwürmchen** räusperte sich und sagte dann: „Bitte entschuldigen Sie, wenn wir stören, aber der Sommer ist in diesem Jahr schon so früh zu Ende und wir bräuchten ein neues Zuhause. Wäre eventuell hier bei Ihnen noch etwas frei?" Die Hausbewohner sahen sich erstaunt an. **Hemingway** richtete sich auf: „Nun, eigentlich ist unser Haus bereits vollständig bewohnt."

„Hm", unterbrach der **Mausevater**, „allerdings brauchen Sie bestimmt nicht viel Platz, oder?"

Ein **Glühwürmchen** schüttelte den Kopf. „Nein, ganz gewiss nicht. Uns reicht ein alter Lampenschirm."

Die **Fledermausmutter** sagte: „Also ich finde, sie sollen bleiben. Unser Haus ist groß genug und alte Lampenschirme gibt es hier mehr als genug." Die **Mäusefamilie** nickte und alle sahen jetzt zu dem **Kater** hinüber.

„Okay, okay, okay, dann sollen sie eben bleiben", maunzte er grimmig.

Die drei **Glühwürmchen** hüpften vor Freude in die Luft. „Vielen Dank! Das ist wirklich ganz reizend von ihnen." Und dann flogen sie durch die Zimmer, um sich die gemütlichste alte Lampe auszusuchen, die sie finden konnten.

Die nächsten Tage verliefen ruhig. Die **Glühwürmchen** spielten tagsüber mit den **Mäusekindern**. Am Abend spielten **sie** mit den Kindern der **Fledermäuse**. Und manchmal spielten sie sogar alle zusammen. Wenn es

Fingercymbeln, 3x anschlagen

Fingercymbeln

Handtrommel, gerieben

Glöckchen

Fingercymbeln

Glockenspiel

Glöckchen
Handtrommel, gerieben

Fingercymbeln

Fingercymbeln
Glöckchen
Fingercymbeln, Glockenspiel

Text	Klang
dem **Kater** Hemingway zu laut wurde, schimpfte er laut und jagte alle durchs Haus, aber meistens war es **ruhig** und alle lebten friedlich zusammen.	Handtrommel, gerieben Stille
Eines Nachmittags jedoch wachte die **Fledermausfamilie** viel zu früh auf. Was waren das für Geräusche? Sie hörten es entsetzlich **quieken und schreien**. „Hiiilfe! Hiiilfe! Kann mir niemand helfen? Ojeeh, ich bin verloren." Die Fledermause sahen sich an.	Glockenspiel Triangel
„Ihr bleibt hier", befahl der **Fledermausvater** seiner Familie. Dann breitete er seine Flügel aus, flog durch das Turmfenster hinaus und einmal um das alte Haus herum. Vor der großen Eingangstür sah er ein **Meerschweinchen** in Panik auf und ab laufen. Was war der Grund für sein Geschrei? Warum hatte es solche Angst? Der Fledermausvater sah sich um und erkannte den Grund. Ein riesiges **Stachelschwein** kam geradewegs auf das kleine Meerschweinchen zugerannt. Es grunzte laut: „Gleich hab ich dich. Ich hab dir doch gleich gesagt, du brauchst nicht wegzulaufen. Ich krieg dich so oder so." Das **Meerschweinchen** schrie auf. Das **Stachelschwein** stand jetzt direkt vor ihm.	Glockenspiel Triangel Handtrommel Triangel, Handtrommel
Der **Fledermausvater** überlegte nicht lange. Im Sturzflug flog er auf das Meerschweinchen zu, krallte seine Füße in das Fell des Meerschweinchens und zog es mit nach oben in die Luft. Das Meerschweinchen war allerdings ziemlich schwer für die Fledermaus und so musste der **Vater** kräftig mit seinen Flügeln schlagen. Trotzdem konnte er mit dem Meerschweinchen nur knapp über	Glockenspiel, glissando von oben nach unten Glockenspiel, einen Ton wiederholt anschlagen

dem Kopf des Stachelschweins fliegen. Er schaffte es nicht, weiter zu steigen.

Triangel Das **Meerschweinchen** selbst hatte erneut erschrocken aufgeschrien als seine Beinchen plötzlich den Bodenkontakt verloren. Doch schnell merkte es, dass ihm je

Handtrommel mand zur Hilfe gekommen war. Das **Stachelschwein** wurde böse, dass ihm da jemand sein Abendessen entführen wollte und lief hinter den beiden her.

Glockenspiel Der **Fledermausvater** rief dem Meerschweinchen zu: „Wir schaffen es nicht durch ein Fenster. Ich habe nicht genügend Kraft, um mit dir höher zu fliegen. Aber es gibt einen kleinen geheimen Eingang ins Haus. Ich setze dich bei der Regenrinne ab. Gleich rechts daneben, gibt es eine kleine Öffnung. Die sollte für dich groß genug sein. Kriech hindurch und warte auf der anderen Seite. Ich hole dich dort ab."

Kaum waren die Worte gesprochen, ließ die Fledermaus

Triangel das **Meerschweinchen** los und es landete auf einem Blät

Schellenkranz terhaufen neben der Regenrinne. Die **Blätter** raschelten

Triangel als sich **das kleine Tier** suchend nach dem Loch in der Mauer umschaute. Wo hatte die Fledermaus noch mal gesagt, war der Eingang? Rechts oder links? Da ertönte

Handtrommel ein lautes Lachen. Das **Stachelschwein** stand wieder vor ihm und leckte sich mit der Zunge über sein Maul. „Endlich hab ich dich. Dieses Mal entkommst du mir nicht. Am besten verzehre ich dich gleich auf der Stelle. Nach dieser kleinen Jagd habe ich schließlich richtig Hunger",

Triangel freute sich das Stachelschwein. Das **Meerschweinchen** wich langsam zurück. Es spürte die Hauswand im Rücken. Jetzt war es vorbei. Wo sollte es jetzt noch hin? Doch gerade als es aufgeben wollte, zog etwas ziemlich

Text	Instrument
unsanft an seinem Schwanz. Das Meerschweinchen fiel hin und ohne dass es sich wehren konnte, wurde es auf dem Bauch ins Haus geschleift. Das **Stachelschwein** tobte draußen vor Wut.	Handtrommel
Erschöpft drehte sich das **Meerschweinchen** um. „Vielen Da Da Da … nk", stotterte es, als es in die leuchtend	Triangel
gelben Augen von **Hemingway** sah. Sofort wich es ein paar Schritte zurück. Doch da kam auch schon der **Fledermausvater** angeflogen.	Handtrommel, gerieben
„Gut gemacht, Hemingway", nickte er ihm zu.	Glockenspiel
Der **Kater** zuckte nur mit den Schultern. „Und was machen wir jetzt mit ihm?"	Handtrommel, gerieben
„Wer bist du eigentlich?", wollte die **Fledermaus** wissen.	Glockenspiel
„Ich bin Fahema. Das Stachelschwein hat mich überfallen und mein ganzes Haus zerstört. Ich habe nichts mehr. Aber habt vielen Dank, dass ihr mein Leben gerettet habt", schluchzte das **Meerschweinchen**.	Triangel
Mittlerweile waren auch die **Glühwürmchen**, die **Mäuse** und die ganze **Fledermausfamilie** eingetroffen.	Fingercymbeln, Glöckchen, Glockenspiel
Die **Mausemutter** wandte sich an alle: „Ich denke, bei uns ist noch Platz für ein Meerschweinchen, oder?" Ihre Augen funkelten **Hemingway** an.	Glöckchen
Dieser nickte: „Ich weiß gar nicht, warum du mich so anschaust. Als ob ich etwas dagegen haben sollte. Von mir aus, kann das Meerschweinchen bleiben."	Handtrommel, gerieben
Alle jubelten und das Meerschweinchen flüsterte glücklich: „Habt vielen Dank!"	alle

Das Pferderennen

trippeln	beide Klanghölzer unregel-mäßig auf den Boden tippen
schnauben	Rasseln
streicheln	Handtrommel, gerieben
Henk spricht	tiefer Klangstab
schreiten	Klanghölzer, Reitrhythmus in langsamem Tempo
traben	Klanghölzer, Reitrhythmus in gemäßigtem Tempo
Startschuss	Handtrommel, 1× laut geschlagen
galoppieren	Klanghölzer, Reitrhythmus in schnellem Tempo

Als Reitrhythmus bietet sich bspw. an:

 oder:

Klanghölzer

Rasseln

Azuro stand festgebunden an einem Zaun auf einer fremden Wiese. Aufgeregt **trippelte** er von einem Huf auf den anderen und sah sich um. Viele andere Pferde standen auf der Wiese und eine große Menge Menschen lief herum und betrachtete die Pferde. Azuro war ein englischer Vollblüter und noch recht jung. Er **schnaubte** kräftig als ein fremder Mann ihm direkt in die Augen blickte. Azuros Reiter hieß Henk und er **streichelte** ihm beruhigend über den Hals.

Handtrommel, gerieben

„Alles in Ordnung, mein Freund", **flüsterte er** ihm ins Ohr und Azuro **schnaubte** leise zurück. Noch immer **trippelte** er nervös auf der Stelle.

tiefer Klangstab
Rasseln
Klanghölzer

Henk sprach weiter mit seinem Pferd: „Du weißt doch, heute ist unser erstes gemeinsames Pferderennen. Deshalb sind hier so viele Menschen. Alle wollen dich laufen sehen. Und du wirst sehen, wir werden gewinnen." Azuro **blieb** nun ruhig **stehen**, lauschte der tiefen Stimme von Henk und **schnaubte** laut. Auch wenn er nicht jedes Wort verstand, das Wichtigste hatte er begriffen. Er durfte gleich rennen und das war das Allerbeste für Azuro. Er liebte es mit Henk zu galoppieren. Da nahm Henk auch schon die Zügel in die Hand und führte ihn über die Wiese. Azuro **schritt** elegant neben ihm her und merkte plötzlich, dass ihn viele Augen beobachteten. Er blieb stehen und **schnaubte** abermals nervös.

tiefer Klangstab

Stille
Rasseln

Klanghölzer im Reitrhythmus

Rasseln
tiefer Klangstab

„Schschsch", **beruhigte** ihn **Henk** und stieg auf.

Er **streichelte** ihn nochmals über den Hals. Dann **schritten** sie gemeinsam über die Wiese. Nach kurzer Zeit gab ihm Henk den Befehl zu **traben** und Azuro lief sogleich schneller. Ja, das war ihm viel lieber als einfach nur herumzustehen. Henk führte ihn zum Start auf die Rennbahn. Dort standen schon weitere fünf Pferde in ihren Startboxen. Doch jetzt war Azuro nicht mehr aufgeregt. Das hier kannte er vom Training zuhause. Erregt **trippelte** er auf der Stelle. **Henk** lächelte: „Ist ja gut. Gleich geht es los und dann galoppieren wir wie der Wind um die Bahn herum." Azuro **schnaubte** zustimmend. Er konzentrierte sich, denn er wusste, gleich würde er einen

Handtrommel, gerieben
Klanghölzer
Klanghölzer

Klanghölzer
tiefer Klangstab

Rasseln

	lauten Knall hören und dann durfte er losgaloppieren. Es
Handtrommel	war jetzt ganz still und da … da ertönte der **Startschuss.**
Klanghölzer	Azuro **galoppierte** los. Er lief so schnell er konnte. Nur zwei Pferde waren beim Start schneller gewesen als er. Das erste Pferd überholte Azuro bereits in der ersten Kurve*. Dann ging es geradeaus und Azuro kam schon ganz dicht an das führende Pferd heran. Da kam die zweite lang gezogene Kurve. Azuro versuchte zu überholen, doch das vordere Pferd lief die Kurve ganz innen, so dass Azuro den längeren, äußeren Weg hätte nehmen müssen. Henk entschied sich dafür zunächst hinter dem Pferd zu bleiben. Doch sofort als sie aus der Kurve he-
tiefer Klangstab	rausgaloppierten, **rief er** Azuro zu: „Los, mein Freund,
Klanghölzer	wir können **noch schneller!**“ und setzte jetzt zum Überholen an. Azuro legte noch ein wenig an Tempo zu und galoppierte jetzt gleich auf mit dem anderen Pferd. In der Ferne sah er bereits die Zielflagge. Er wusste, es war nicht mehr weit und so gab er alles, was er an Kraft hatte. Und tatsächlich: mit einem Pferdekopf Vorsprung kamen Azuro und Henk als erstes in Ziel. Azuro wurde
Klanghölzer, Stille,	nun immer **langsamer**, bis er schließlich **stehen blieb**.
Handtrommel, gerieben	Henk **streichelte** ihm über sein Fell. „Toll gemacht, Azuro. Du bist wirklich das beste Rennpferd der Welt.
tiefer Klangstab,	Und das Schnellste“, setzte **er** noch hinzu und Azuro
Rasseln	**schnaubte** laut, was soviel heißen sollte wie „Stimmt“.

* *für erfahrene Kinder kann die Kurve wie folgt mitgespielt werden:*
Die Kinder sitzen zum Spielen im Kreis. Das rechte Klangholz der Kinder schlägt während der Kurve auf das linke Klangholz der rechten Nachbarn.

Schatz gefunden

Camilla und Fanny	2 Glöckchen
durchs Meer schwimmen	Cabasa, leise
Wellen	Oceandrum
Motoren	Reco-Guiro, schnell
Deckel	Reco-Guiro, langsam
funkeln und glitzern	Triangel
Tintenfisch	Xylophonklangstab
Seestern	Schellenkranz
Delfin	Metallophonklangstab
Seepferdchen	Glockenspiel

Camilla und **Fanny** waren zwei kleine Clownfische. Sie waren die besten Freundinnen, die man sich nur vorstellen konnte und, wie jeden Tag, **schwammen** die beiden auch heute wieder gemeinsam leise durchs Meer. Die **Wellen** rauschten sanft um sie herum und in der Ferne hörten sie die **Motoren** der Fischerboote knattern. „Wir müssen auf die Fangnetze der Menschen aufpassen", meinte **Fanny** und Camilla nickte. Doch da kam schon ein Netz auf sie zu. „Schnell", rief **Fanny**, „lass uns zu den Felsen dort hinten schwimmen." So rasch sie konnten bewegten sie ihre Flossen und konnten gerade noch durch einen kleinen Spalt in die Felsen **schwimmen**, ehe sich das Netz über die Steine senkte. „Puuh, das war knapp", kommentierte **Camilla** und sah sich um. „Hast du eine Ahnung, wo wir hier sind?"

Glöckchen

Cabasa

Oceandrum
Reco-Guiro

Glöckchen 1
Glöckchen 1

Cabasa

Glöckchen 2

Glöckchen 1	**Fanny** schüttelte den Kopf. „Hier waren wir noch nie.
Cabasa	Komm, wir schauen uns mal um." Gemeinsam **schwam-**
	men sie über den felsigen Meeresboden. „Was ist denn
Glöckchen 2	das?", wollte **Camilla** wissen und zeigte in eine große
	Felsspalte.
	„Keine Ahnung. Komm, wir schwimmen hin", antwor-
Glöckchen 1, Cabasa	tete **Fanny**. Die beiden Clownfische **schwammen** durch
	das Wasser zu der gezeigten Stelle.
	„Hm, sieht aus wie eine alte Kiste, die jemand verloren
Glöckchen 1, Glöckchen 2	hat", meinte **Fanny**. **Camilla** nickte. „Sollen wir rein-
	schauen", fragte sie neugierig. „Na klar", antwortete
Glöckchen 1, Oceandrum	**Fanny**. Sie lauschten einen Moment den **Wellen**, um
	zu hören, ob sie auch wirklich alleine waren und dann
Reco-Guiro	öffneten sie mit vereinten Kräften die Truhe. Ihr **Deckel**
	knarrte ganz schön laut, doch sie ließ sich leicht öffnen.
Glöckchen	„Ooh", staunten die **beiden Fische**, als sie hineinblick-
Triangel	ten und es vor ihren Augen **blinkte** und **blitzte**.
Glöckchen 1	„Wow!", rief **Fanny**, „das ist ja ein richtiger Schatz."
Glöckchen 2	„Ja", stimmte **Camilla** aufgeregt zu. „Wir haben einen
	Schatz gefunden. Juchhu!"
Glöckchen 1	**Fanny** nahm eine Kette heraus und hängte sie sich um.
	„Na, wie sehe ich aus?"
Triangel, Glöckchen 1	„Toll, wie du **glitzerst**!", bewunderte **sie** Camilla und
	hängte sich ebenfalls eine Kette um. „Komm, das müssen
	wir den anderen erzählen."
Reco-Guiro	Schnell schlossen sie den **Deckel** der Truhe wieder und
Cabasa	**schwammen** zurück nach Hause.
	Von der Meeresoberfläche drang weiter leise das Knat-
Reco-Guiro	tern der **Motoren** der Fischerboote zu ihnen herunter.

Doch sie wichen den Netzen geschickt aus und begegneten schon bald ihren Freunden.

„Was habt ihr da?", fragte der **Tintenfisch** Calypso. — Xylophonklangstab

„Wieso glitzert ihr so?", wollte der **Seestern** Samantha wissen. — Schellenkranz

Und die **beiden Clownfische** antworteten aufgeregt: „Wir haben einen richtigen Schatz gefunden. Kommt mit! Dort gibt es noch viel mehr von dem Glitzerschmuck." — Glöckchen

„Kann ich auch mitkommen?", fragte der **Delfin** Selina. — Metallophonklangstab

„Na klar", stimmten **alle** zu und gemeinsam **schwammen** die Fische wieder durch das Meer zurück zu der Felsspalte. Unterwegs trafen sie noch einige andere Freunde, die sich ihnen alle anschlossen. — alle, Cabasa

„Hört mal, seid mal still", rief das **Seepferdchen** Esmeralda ängstlich. „Sind das nicht **Motoren**?" — Glockenspiel / Reco-Guiro

„Ja, aber die machen uns nichts. Wir müssen nur aufpassen. Schwimmt einfach hinter uns her. Wir **schwimmen** vor", bestimmte **Fanny** und schwamm als erste durch den Felsspalt. — Cabasa / Glöckchen 1

Kaum waren sie bei der Schatztruhe angekommen, schlug **Camilla** vor: „Was haltet ihr von einer Kostümparty? Wir verteilen einfach den ganzen Schmuck und dann feiern wir eine Riesenparty." **Alle** stimmten zu. — Glöckchen 2 / alle

„Na, dann los", rief **Fanny** und öffnete gemeinsam mit Camilla die Kiste. Wieder knarrte der **Deckel** und wieder **glitzerte** und **leuchtete** es überall, als der Schmuck zum Vorschein kam. — Glöckchen 1 / Reco-Guiro / Triangel

„Kommt her", forderte **Camilla** die Freunde auf und begann den Schmuck zu verteilen. — Glöckchen 2

Xylophonklangstab	Der **Tintenfisch** Calypso schwamm heran und bekam
Triangel	ein **funkelndes** diamantenbesetztes Diadem aufgesetzt.
Schellenkranz	Der **Seestern** Samantha bekam an jeden seiner fünf
Triangel	Arme einen **glitzernden** Ring gesteckt.
Glockenspiel	Und auch das **Seepferdchen** Esmeralda erhielt einen
Triangel, Metallophonklangstab	Ring mit einem **funkelnden** Stein. Der kleine **Delfin**
Triangel	Selina hängte sich eine große **glänzende** goldene Kette
	mit einem großen roten Steinanhänger um. Dann be-
alle	wunderten sich **alle** gegenseitig und begannen zu singen
	und tanzen.

Reco-Guiro	Die **Motoren** der Fischerboote, die die ganze Zeit ge-
Stille	knattert hatten, waren plötzlich **still** und die Fischer
	schauten auf die Meeresstelle, an der in weiter Tiefe die
	Fische ihr Fest feierten, denn dort war ein heller Fleck
	im Meer zu sehen. Es erschien ihnen als ob jemand im
	Meer das Licht angeschaltet hätte. Sie beobachteten die
Oceandrum, Triangel	**Wellen**, doch das **Funkeln** verschwand nicht. Und nach-
	dem sie sich das Leuchten so gar nicht erklären konnten,
Reco-Guiro	beschlossen sie, ihre **Motoren** wieder anzulassen und lie-
	ber an einer anderen Stelle weiterzufischen. Das Ganze
	war ihnen unheimlich.
	Als das die Fische unten auf dem Meeresgrund merkten,
alle	**jubelten** sie noch viel mehr und hatten einen weiteren
	Grund zu feiern.

Freunde

Schafe	Xylophonklangstäbe
Wolf	Handtrommel
Augen des Wolfes	Triangel
Zunge des Wolfes	Rührtrommel
Dolly	1 Klangstab
Adler	Glockenspiel, glissando
Wolfswelpe	Stielkastagnette

Es geschah an einem Dienstagabend nach einem schönen ruhigen Nachmittag. Wie an jedem Tag weideten auch heute die **Schafe** auf der Wiese. Sie standen in kleinen Gruppen zusammen und unterhielten sich, fraßen Gras oder träumten einfach so vor sich hin. Die Schäferhündin Aiko war bereits vor einigen Stunden mit Bauer Schmidtke in die Stadt gefahren und so genossen die Schafe die abendliche Ruhe.

Xylophonklangstäbe

Doch plötzlich – wie aus dem Nichts – kam ein **Wolf** aus dem nahe gelegenen Wald **gerannt**.
Er **scharrte** mit seinen Pfoten so unglaublich schnell ein Loch unter dem Zaun durch, der die Tiere daran hinderte, wegzulaufen, dass er bereits wenige Minuten später auf der Wiese der Schafe stand.

Handtrommel, geschlagen

Handtrommel, mit den Fingerspitzen

Die **Schafe** blökten laut und liefen wild durcheinander. Die **Augen** des Wolfes blitzten hungrig und er leckte

Xylophonklangstäbe
Triangel

Rührtrommel	sich mit seiner langen **Zunge** über seine scharfen Zähne. Dann überlegte er, welches Schaf er sich wohl als erstes
Handtrommel	nehmen sollte. „Ach, egal“, **dachte er** sich und entschied
Handtrommel, schnell	sich dafür, zunächst einmal alle über das Gras zu **hetzen**.
Xylophonklangstäbe	Die **Schafe** mähten noch lauter und rannten so schnell
Handtrommel, schnell	sie konnten. Der **Wolf** lief mal nach rechts, mal nach links und hatte seinen Spaß daran, den Schafen Angst
Handtrommel, 1× sehr laut	einzujagen. Als er genug hatte, **sprang er** mit einem Satz auf ein besonders hübsches Schaf, das sofort mit ihm zu Boden stürzte. Im Nu blieben alle stehen und es war
Stille	**mucksmäuschenstill**. Die **Augen** des Wolfes blitzten
Triangel	wieder vor Vorfreude auf sein Abendessen und seine
Rührtrommel	**Zunge** schleckte noch einmal über seine furchtbaren Zähne. Gerade wollte er zubeißen, als sich ein **kleines**
Klangstab	**junges Schaf** vor ihn stellte und laut rief: „Stopp, du schreckliches Monster. Was fällt dir ein, einfach hier bei uns einzudringen, uns Angst einzujagen und dann einfach jemanden von uns zu überfallen?“ Der Wolf blickte überrascht auf. So etwas war ihm noch nie passiert. Hatte er richtig gehört? Wagte es tatsächlich ein Schaf, ihm zu widersprechen?
Handtrommel	„Wie bitte?“, **fragte er** erstaunt und legte seinen Kopf schief, „meinst du mich?“
	„Ja, wen denn sonst. Hast du keine Manieren gelernt? Du kannst nicht einfach auf unser Grundstück kommen“,
Klangstab	fuhr ihn das **Schaf** an.
Handtrommel	„Du scheinst noch jung zu sein“, entgegnete der **Wolf**, „wie heißt du?“
Klangstab	„Dolly“, antwortete das **Schaf** und sah den Wolf herausfordernd an.

„Du scheinst nicht zu wissen, dass wir das schon immer so gemacht haben", erklärte der **Wolf** geduldig. „Ich habe Hunger und Lust auf ein anständiges Stück Schafsfleisch."

Handtrommel

„Ach, und das erlaubt dir, einfach jemanden von uns zu fressen?", fragte **Dolly** keck. „Nur weil etwas schon immer so war, heißt das nicht, dass es in Ordnung ist und dass es so bleiben muss."

Klangstab

Die anderen **Schafe** blökten zustimmend.

Xylophonklangstäbe

Der Wolf fuhr sich mit der **Zunge** über die Zähne und **nickte**: „Was soll ich denn sonst fressen?"

Rührtrommel
Handtrommel

Dolly überlegte: „Na, du könntest es doch auch mal mit etwas Gesundem, Vegetarischem probieren. Hier, versuch doch mal." Es hielt dem Wolf ein besonders saftiggrünes Grasbüschel entgegen.

Klangstab

Auf der Wiese war es **totenstill**. Was würde jetzt passieren?

Stille

Auch der **Wolf** schien zu überlegen, was er tun sollte. Dann nahm er tatsächlich das Gras und probierte. „Hm", **meinte** er dann, „in der Tat, das ist nicht schlecht."

Handtrommel

„Siehst du", sagte **Dolly** selbstsicher, „das Gras auf unserer Weide ist auch das allerleckerste im gesamten Umkreis. Pass auf, ich mache dir einen Vorschlag: Wann immer du Lust auf unser grünes Gras hast, kommst du vorbei und bedienst dich. Aber uns lässt du dafür in Frieden. Und wer weiß, vielleicht nutzt dir unsere Freundschaft eines Tages sogar?"

Klangstab

Der **Wolf** lachte laut: „Was soll mir eure Freundschaft nutzen? Ich bin das stärkste Raubtier hier im Wald. Ich habe keine Feinde. Aber egal, jetzt habe ich ohnehin kei-

Handtrommel

ne Lust mehr auf Schafsfleisch. Dein Vorschlag ist angenommen." Alle **Schafe** jubelten laut.

Die **Augen** des Wolfes blitzten noch einmal auf, dann **verschwand** er im Wald.

Nach diesem Tag zogen etliche Jahre ins Land. Der **Wolf** kam ab und an vorbei und hielt einen kleinen Plausch mit dem **Schaf**, das ihm an jenem Tag so mutig entgegengetreten war. Dann zog er wieder weiter.

Doch eines Tages in einem heißen Sommer, beschloss Bauer Schmidtke seine **Schafe** auf eine andere Weide zu führen. Er trieb sie alle zusammen und führte sie durch das Tal auf die andere Seite des Flusses. Die **Schafe** trabten brav über die Felder. Ab und zu blickten sie in den Himmel, denn dort zog ein **Adler** seine Kreise. Offenbar war er auf der Suche nach seinem Frühstück. Auf einmal wurden seine Kreise immer enger. Anscheinend schien er sein Frühstück gefunden zu haben. **Dolly** versuchte zu erkennen, auf wen es der Raubvogel abgesehen hatte. Es **blieb stehen** und blickte angestrengt umher. Und da entdeckte es plötzlich einen kleinen **Wolfswelpen**, der alleine auf der großen Wiese spielte und einer Pusteblume hinterherjagte.

„Oh nein!", dachte **Dolly**, „er ist doch noch ein Kind." Dann schrie es den anderen Schafen zu: „Schnell, beeilt euch, wir müssen zu dem Wolfsjungen, ehe es sich der Adler greift." Die anderen **Schafe** begriffen sofort und rannten so schnell sie konnten auf das kleine Tier zu. Bauer Schmidtke verstand überhaupt nicht, warum seine Schafe plötzlich so losstürmten, aber da sie in die richtige

---

Xylophonklangstäbe
Triangel
Handtrommel, geschlagen

Handtrommel und Klangstab,
leise
Xylophonklangstab

Xylophonklangstäbe

Xylophonklangstäbe

Glockenspiel

Klangstab

Stille
Stielkastagnette

Klangstab

Xylophonklangstäbe,
sehr schnell

Richtung liefen, war es ihm recht. Der **Adler** hingegen hatte den **jungen Wolf** jetzt genau im Fokus und hielt im Sturzflug auf ihn zu. Doch kurz bevor er ihn greifen konnte, sah er die **Schafsherde** auf die Wiese stürmen. So viele Schafe auf einmal in so einem schnellen Tempo hatte er noch nie gesehen. Vor Erstaunen brach der **Adler** seinen Sturzflug ab und zog wieder in sicherer Höhe seine Kreise. Er schüttelte seinen Kopf, als er begriff, dass die **Schafe** das **Wolfskind** in einem engen Kreis umzingelten.
„Seit wann fressen Schafe Wölfe?", fragte **er** sich. Doch dann entschied er, dass es ihm egal sein konnte. Eigentlich hatte er ohnehin noch keinen richtigen Hunger gehabt und so flog er einfach weiter.

Aus dem nahe gelegenen Waldstück kam nun auch der **Wolfsvater** angelaufen. Die **Schafe** machten ihm den Weg zu seinem Sohn frei. Er **leckte** ihm über das Fell und dann sah er seinem Freund, dem Schaf Dolly in die Augen und **sagte** langsam: „Da hast du nun doch tatsächlich Recht behalten. Vor vielen Jahren hast du gesagt, dass sich unsere Freundschaft auch für mich einmal lohnen wird und ich habe dich ausgelacht. Zu Unrecht, wie sich heute gezeigt hat. Ich danke dir für die Rettung meines Sohnes."
„Keine Ursache, mein Freund", entgegnete **Dolly** ruhig.

Glockenspiel, Stielkastagnette

Xylophonklangstäbe

Glockenspiel

Xylophonklangstäbe, Stielkastagnette

Glockenspiel, leiser werdend

Handtrommel, Xylophonklangstäbe, Rührtrommel

Handtrommel

Klangstab

Klangbilder

In der Kreismitte liegen Instrumente.

Die Kinder betrachten zusammen eines der folgenden Bilder und erzählen, was sie darauf sehen und mit welchen Instrumenten die Szenen verklanglicht werden können.

Gemeinsam überlegen sie, was wohl als nächstes passieren könnte und verklanglichen ihre Phantasien.

Klangbild 1: Bauernhof

Instrumentierungsvorschläge:

Bauer	Klanghölzer
Pferd	Röhrentrommel
Kuh	Glocke
Ziegen	Glöckchen
Hühner	Stielkastagnetten
Hahn	Triangel
Enten	Rainmaker
Bienen	Rasseln

Klangbild 2: Katz und Maus

Instrumentierungsvorschläge:

Maus	Glöckchen
Katze	Handtrommel, gerieben
Etwas geht kaputt	Triangel
Etwas fällt zu Boden	Holzblocktrommel
Beide bleiben stehen	Stille

Klangbild 3: Froschwanderung

Instrumentierungsvorschläge:

Frösche	Klangfrösche
Wasser	Oceandrum
Kinder	Klanghölzer
Autos	Reco-Guiro
Gefahr	Triangel

Klangbild 4: Das verlorene Zicklein

Instrumentierungsvorschläge:

Ziege	Glöckchen
Hirte	tiefer Klangstab
Blitz	Triangel
Donner	Handtrommel
Regen	Rainmaker

Illustration: Antje Bohnstedt, aus: Elke Gulden & Bettina Scheer: Tierische KliKlaKlanggeschichten © Don Bosco Medien GmbH, München

Illustration: Antje Bohnstedt, aus: Elke Gulden & Bettina Scheer: Tierische KliKlaKlanggeschichten © Don Bosco Medien GmbH, München

Liedbegleitungen

Es tanzt eine Maus

Tanzlied aus dem Westerwald

1. Es tanzt ei - ne Maus in Groß-va-ters Haus, da jagt sie die Kat - ze zur Stu - be hi - naus.

2. Zur Stube hinaus,
   ins Mausloch hinein,
   das Mäuslein ist drinnen,
   die Katz kann nicht rein.

3. Da gibt es ein Fest,
   in Mausemanns Nest:
   La la la la la la
   la la la la la.

Begleitung im Metrum mit Glöckchen
Glöckchen

Jedes Kind erhält ein kleines Glöckchen und begleitet das Lied im Grund-schlag.

Variation mit einer Handtrommel:
Handtrommel

Ein Kind erhält eine Handtrommel und spielt jeweils auf die erste Silbe des Wortes „Stube" einen lauten Schlag.

Begleitung mit zwei Klangstäben (f' und c'')
Klangstäbe f' und c''

Ein Kind begleitet das Lied mit den Klangstäben f' und c'', die gleichzeitig im Metrum angeschlagen werden.

Variante:
Die beiden Klangstäbe werden von 2 Kindern gespielt, d.h. Kind 1 erhält Klangstab f' und spielt immer auf den ersten Schlag eines jeden Taktes, während Kind 2 Klangstab c'' jeweils zu den Schlägen 2 und 3 eines Taktes erklingen lässt.

Begleitung mit zwei Klangstäben (f' und c'') und einer Triangel
Klangstäbe f' und c'', Triangel

Ein Kind erhält die beiden Klangstäbe f' und c'' und begleitet das Lied im Metrum, indem es beide gleichzeitig anschlägt. Ein zweites Kind spielt die Triangel, die leise auf die Schläge 2 und 3 eines jedes Taktes erklingt. Zu Beginn ist es erforderlich den Einsatz der Triangel zu dirigieren oder lautlos, aber mit großen Bewegungen mitzuklatschen.

A, B, C, die Katze lief im Schnee

Text und Melodie: überliefert

A, B, C, die Kat - ze lief im Schnee. Und
als sie dann nach Hau - se kam, da hat sie wei - ße Stie - fel an. O -
je - mi - ne, die Kat - ze lief im Schnee.

Begleitung im Metrum mit Rasseln
Rasseln

Jedes Kind erhält eine Rassel. Gemeinsam wird das Lied gesungen und
mit den Instrumenten im Metrum begleitet.

Variante:
Die Rasseln werden nur auf den ersten Schlag in den Takten
1, 2, 5 und 6 gespielt. In den Takten 3 und 4 begleiten die Rasseln
rhythmisch.

95

Begleitung mit einem Glockenspiel und Glöckchen
Glockenspiel, Glöckchen

Ein Kind erhält ein Glockenspiel und einen Schlägel. Auf dem Glockenspiel liegen die Klangplatten c', e' und g'. Die Klangplatten die nicht benötigt werden, werden von dem Instrument entfernt. Das Glockenspiel begleitet die Takte 1 und 4 mit den Tönen c', e' und g', die jeweils einmal angeschlagen werden. Alle anderen Kinder erhalten ein Glöckchen, das sie in den Takten 2, 3, 4, und 6 im Metrum spielen.

Begleitung mit zwei Glockenspielen, Glöckchen und einer Handtrommel
2 Glockenspiele, Glöckchen, Handtrommel

Die Instrumente werden unter den Kindern verteilt. Zwei Kinder erhalten jeweils ein Glockenspiel. Auf dem ersten Glockenspiel liegen die Klangplatten c', e' und g', auf dem zweiten Instrument die Klangplatten e', d' und c'. Nicht benötigte Klangplatten werden von den Instrumenten entfernt.

Takt 1: Das erste Glockenspiel mit den Tönen c', e' und g' begleitet den ersten Takt, indem jede Klangplatte im Metrum hintereinander einmal angeschlagen wird.
Die Handtrommel spielt laut den vierten Schlag des ersten Taktes.

Takt 2: Das zweite Glockenspiel schlägt seine Töne e', d' und c' hintereinander im Grundschlag an.
Die Handtrommel spielt laut auf den vierten Schlag.

Die Glöckchen setzen in Takt 3 ein und begleiten im Metrum.

Die Takte 5 und 6 werden wieder von den Glockenspielen und der Handtrommel wie in den Takten 1 und 2 begleitet.

Melodie

A, B, C, die Kat - ze lief im Schnee. Und

Glockenspiel 1

Glockenspiel 2

Handtrommel

3 Melodie

als sie dann nach Hau - se kam, da hat sie wei - ße Stie - fel an. O -

Glöckchen

5 Melodie

je - mi - ne, die Kat - ze lief im Schnee.

Glockenspiel 1

Glockenspiel 2

Handtrommel

Auf unsrer Wiese gehet was

Text: Heinrich Hoffmann v. Fallersleben,
2. Str. Richard Löwenstein, Melodie: überliefert

1. Auf uns - rer Wie - se ge - het was,
   Es hat ein schwarz - weiß Röck - lein an,
   wa - tet durch die Sümp - fe.
   trägt auch ro - te Strümp - fe.
   Fängt die Frö - sche, schnapp, schnapp, schnapp,
   klap - pert lus - tig, klap - per - di - klapp,
   wer kann das er - ra - ten?

2. Ihr denkt, es ist der Klapperstorch,
   watet durch die Sümpfe.
   Er hat ein schwarz–weiß Röcklein an,
   trägt auch rote Strümpfe.
   Fängt die Frösche, schnapp, schnapp, schnapp,
   klappert lustig, klapperdiklapp,
   Nein, es ist Frau Störchin.

99

Begleitung im Metrum mit Klanghölzern
Klanghölzer

Das Lied wird von den Kindern im Grundschlag mit Klanghölzern begleitet.

Akzentuierte Begleitung mit einer Holzblocktrommel und einer Rassel
Holzblocktrommel, Rassel

Ein Kind erhält eine Holzblocktrommel und begleitet rhythmisch die Klappergeräusche in den Takten 10 und 12. Ein zweites Kind erhält eine Rassel und spielt diese je 1× auf die Pausen in den Takten 2, 6 und 8.
Zusätzlich kann am Ende des Liedes auch ein Kind 1× leicht eine Triangel anschlagen.

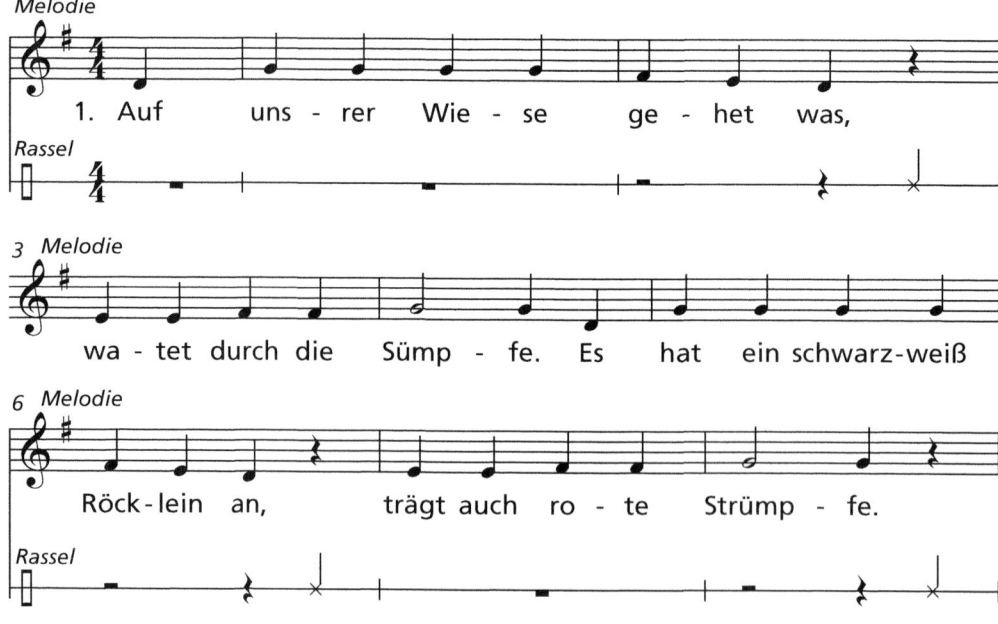

Variante mit Klangstäben:
Klangstäbe in c' und d''

Anstelle der Holzblocktrommel können auch die beiden Klangstäbe c'' und d'' von den Kindern gespielt werden. Klangstab c'' erklingt dabei in Takt 10, Klangstab d'' in Takt 12.

Ich bin ein kleiner Tanzbär

Text und Melodie: überliefert

Begleitung mit einer Handtrommel und Klanghölzern
Handtrommel, Klanghölzer

Ein Kind erhält eine Handtrommel und begleitet das Lied im Grundschlag während der Takte 1 bis 5.
Alle anderen Kinder spielen die Klanghölzer im Tempo der Achtelnoten in den Takten 6 bis 9.

Begleitung mit einem Tambourin, einem Becken, Klangstäben (g') und verschiedenen Instrumenten

Tambourin, Becken, Klangstäbe g', verschiedene Instrumente

Jedes Kind erhält ein Instrument.

Das Tambourin begleitet das Lied im Grundschlag.
Ein zweites Kind erhält ein Becken und spielt dieses immer auf Schlag 1 eines jeden Taktes.

Die Klangstäbe setzen in Takt 6 ein und begleiten im Metrum.
Alle anderen Instrumente setzen ebenfalls in Takt 6 ein und begleiten bis Takt 9 im Metrum.
Ab Takt 10 spielen alle anderen Instrumente im Tempo der Achtelnoten.

Noten siehe Seite 104.

Ich bin ein kleiner Tanz-bär und tan - ze durch den Wald. Ich
such mir ei - ne Freundin und fin - de sie schon bald.

Und wir tan - zen hübsch und fein von

Begleitung mit einem Tambourin und 2 Klangstäben (g' und d'')
Tambourin, 2 Klangstäbe g' und d''

Das Lied wird im Metrum auf dem Tambourin begleitet. Zwei Kinder erhalten jeweils einen Klangstab. Beide Klangstäbe begleiten das Lied ab Takt 6 im Metrum. Ab Takt 10 werden sie schneller und übernehmen das Tempo der Achtelnoten.

Vogelhochzeit

Text und Melodie: überliefert

Ein Vo-gel woll-te Hoch-zeit ma-chen in dem grü-nen

Wal - de. Fi-di-ral-la-la, fi-di-ral-la-la, fi-di-ral-la-la-la - la.

Da das Lied zu den bekanntesten deutschen Volksliedern gehört und in vielen Liederbüchern zu finden ist, haben wir auf den Abdruck der Strophen an dieser Stelle verzichtet.

Begleitung mit Glöckchen im Metrum
Glöckchen

Das Lied wird mit den Glöckchen im Metrum begleitet.

Variante mit einem Schellenkranz und Glöckchen:
Jeweils ein Kind begleitet den Strophentext mit dem Schellenkranz alleine. Alle anderen Glöckchen setzen zum Refrain „Fidirallala" ein.

Begleitung mit zwei Klangstäben (f' und c'') im Wechsel
2 Klangstäbe f' und c''

Ein Kind erhält die beiden Klangstäbe f' und c''. Beide Instrumente spielen im Metrum und werden in den Takten 1 bis 6 jeweils 2× hintereinander angeschlagen. Es beginnt der Klangstab f'. In Takt 7 erklingt der Klangstab f' nur auf den ersten Schlag. Auf Schlag 2 ertönt der Klangstab c". Am Ende des Liedes, Schlag 1 in Takt 8, werden beide Klangstäbe gleichzeitig angeschlagen.

Begleitung mit zwei Klangstäben (f' und c"), einer Triangel, einem Tambourin und Klanghölzern
2 Klangstäbe f' und c", Triangel, Tambourin, Klanghölzer

Der Klangstab f' wird in den Takten 1, 3 und 5 auf Schlag 1 und 2 gespielt. In Takt 7 und 8 erklingt der Klangstab nur auf Schlag 1.

Der Klangstab c" wird in den Takten 2, 4 und 6 auf Schlag 1 und 2 gespielt. In Takt 7 spielt er nur auf Schlag 2 und in Takt 8 ist er nur auf Schlag 1 zu hören.

Die Triangel spielt immer auf den ersten Schlag eines jeden Taktes. Nach jedem Anschlagen wird der klingende Ton sofort mit der spielenden Hand gedämpft bzw. gestoppt.

Das Tambourin begleitet das Lied in Achteln während die Klanghölzer im Metrum spielen.

Noten siehe Seite 110

Variante:
Anstelle der Triangel kann auch ein Becken verwendet werden, welches mit einem Filzkopfschlägel angeschlagen wird.

Tipp:
Komplexe Instrumentenbegleitungen sollten sich aufbauen und immer zuerst mit den einzelnen Instrumenten alleine geübt werden.

Ein Vo-gel woll-te Hoch-zeit ma-chen in dem grü-nen

5 Melodie

Wal - de. Fi-di-ral-la-la, fi-di-ral-la-la, fi-di-ral-la-la-la-la.

Klangstab f'

Klangstab c"

Triangel

Tambourin

Klanghölzer

Old Mac Donald had a farm

aus den USA

Old Mac Do - nald had a farm, I - a - i - a - o.

And on his farm he had some chicks,

I - a - i - a - o. With a chick-chick here and a

chick - chick there, here a chick, there a chick,

ev' - ry - where a chick - chick. Old Mac Do - nald

had a farm, I - a - i - a - o.

1. Old Mac Donald had a farm, Iaiao.
   And on his farm he had some chicks, Iaiao.
   With a chick-chick here,
   and a chick-chick there,
   here a chick, there a chick,
   ev'rywhere a chick-chick.
   Old Mac Donald had a farm, Iaiao.

2. Old Mac Donald had a farm, Iaiao.
   And on his farm he had some ducks, Iaiao.
   With a quack-quack here,
   and a quack-quack there,
   here a quack, there a quack,
   ev'rywhere a quack-quack.
   Old Mac Donald had a farm, Iaiao.

3. … some cows … With a moo-moo here …
4. … some pigs … With a oink-oink here …
5. … some cars … With a rattle-rattle here…

1. Old Mac Donald hat ein Haus, Iaiao.
   Die Hühner schaun zum Fenster raus, Iaiao.
   Es macht gack-gack hier
   und gack-gack da,
   hier mal gack und da ein gack,
   überall machts gack-gack.
   Old Mac Donald hat ein Haus, Iaiao.

2. Old Mac Donald hat ein Haus, Iaiao.
   Die Enten schaun zum Fenster raus, Iaiao.
   Es macht quack-quack hier
   und quack-quack da,
   hier mal quack und da ein quack,
   überall machts quack-quack.
   Old Mac Donald hat ein Haus, Iaiao.

3. … Die Kühe … muh-muh hier …
4. … Die Schweine … oink-oink hier …
5. … Die Autos … brumm-brumm hier …

113

Begleitung im Metrum mit Klanghölzern
Klanghölzer

Jedes Kind erhält ein Paar Klanghölzer, die im Grundschlag aneinander getippt werden.

Improvisierte Begleitung mit Klangstäben im Grundschlag
3 Klangstäbe in a', cis'', e''

Ein Kind erhält die 3 Klangstäbe und 1 Schlägel. Es begleitet das Lied, indem es die Klangstäbe in beliebiger Reihenfolge im Grundschlag anschlägt.

Widewidewenne heißt meine Puthenne

aus Holstein

Wi - de-wi-de-wen - ne heißt mei-ne Put-hen-ne.

Kann - nicht - ruhn heißt mein Huhn, Wa - ckel-schwanz

heißt mei-ne Gans. Wi - de-wi-de-wen - ne heißt

mei - ne Put - hen - ne.

2. Widewidewenne heißt meine Puthenne.
   Schwarz-und-weiß heißt meine Geiß,
   Kurzebein heißt mein Schwein.
   Widewidewenne heißt meine Puthenne.

3. Widewidewenne heißt meine Puthenne.
   Ehrenwert heißt mein Pferd,
   Gute-Muh heißt meine Kuh.
   Widewidewenne heißt meine Puthenne.

4. Widewidewenne heißt meine Puthenne.
   Wettermann heißt mein Hahn,
   Kunterbunt heißt mein Hund.
   Widewidewenne heißt meine Puthenne.

5. Widewidewenne heißt meine Puthenne.
   Guck-heraus heißt mein Haus,
   Schlupf-hinaus heißt meine Maus.
   Widewidewenne heißt meine Puthenne.

6. Widewidewenne heißt meine Puthenne.
   Wohlgetan heißt mein Mann,
   Sausewind heißt mein Kind.
   Widewidewenne heißt meine Puthenne.

Begleitung im Metrum mit Rasseln und Glöckchen
Rasseln, Glöckchen

Ein Teil der Kinder erhält Rasseln und begleitet die Takte 1 bis 4 und 9 bis 12 im Grundschlag. Alle anderen Kinder erhalten Glöckchen und spielen diese zu den Takten 5 bis 8. Wenn alle Kinder den Liedtext gut kennen, können sie auch in der gleichen Gruppenaufteilung singen.

Noten siehe Seite 118

Melodische Begleitung mit 6 Klangstäben
Klangstäbe a', g', e'
Klangstäbe h', a', fis

Ein Kind erhält die 6 Klangstäbe. Dabei werden die 3 Stäbe, die nacheinander gespielt werden, nebeneinander gestellt. Beide Klangstabsätze werden untereinander angeordnet (*siehe Abb. Seite 120*).

Melodie

Wi - de-wi-de-wen-ne heißt mei-ne Put-hen-ne.

Kann - nicht - ruhn heißt mein Huhn, Wa - ckel-schwanz

Klangstäbe: a', g', e'; h', a', fis'

heißt mei-ne Gans. Wi - de-wi-de-wen-ne heißt

mei - ne Put - hen - ne.

Anordnung der beiden Klangstabsätze:

e'	g'	a'

h'	a'	fis'